The Metaverse in Mathematics

수학교실 in
메타버스

안서현 · 신민경 · 강수산 · 고호경 지음

KYOWOO

머리말1

우리는 때때로 예기치 않은 발견이 혁신을 이끌어가는 순간을 경험합니다. 과학에서 '**세렌디피티(Serendipity)**'라고 불리는 이러한 순간은, 계획하지 않았지만 우연한 계기와 통찰이 만나 전혀 새로운 길을 열어주는 기회를 뜻합니다.

메타버스가 처음 등장했을 때, 그것이 단순한 가상현실 기술의 연장선이라고 생각한 사람들이 많았습니다. 하지만 교육 현장에서 메타버스를 활용한 수업을 시도하는 과정에서 우리는 예상치 못한 가능성과 혁신을 발견하게 되었습니다. **학생들이 수학 개념을 직관적으로 이해하고, 협력적으로 문제를 해결하며, 자기 주도적으로 학습하는 모습** 속에서, 우리는 메타버스가 단순한 기술을 넘어 미래 교육의 새로운 장을 열어줄 열쇠가 될 수 있음을 깨닫게 되었습니다.

이 책, **"수학교실 in 메타버스"는 그러한 세렌디피티의 순간을 교육 현장에서 실현할 수 있도록 돕는 길잡이**입니다. 책은 메타버스를 활용한 수학교육의 가능성을 탐색하고, 실제 교실에서 효과적으로 적용할 수 있는 방법을 제시합니다.

책은 크게 세 부분으로 구성됩니다. 1부에서는 메타버스 플랫폼 '젭(ZEP)'의 개념과 활용법을 소개하고, 2부에서는 실제 수학교실을 구축하는 방법을 안내합니다. 마지막으로, 3부에서는 메타버스를 활용한 다양한 수학 수업 사례를 통해 미래형 학습 환경을 제안합니다.

우리는 이제 새로운 교육 혁신의 출발점에 서 있습니다. 이 책이 **교사들에게는 창의적인 교수법을 실현할 영감을, 학생들에게는 더욱 몰입적이고 의미 있는 학습 경험**을 제공하는 데 기여할 수 있기를 바랍니다. 때로는 예상치 못한 만남과 발견이 새로운 혁신을 이끌어내듯, 메타버스를 활용한 수학교육이 여러분의 교실에서도 놀라운 변화를 가져올 수 있기를 기대합니다.

저자 일동

머리말2

미래 교육을 향한 새로운 도전: 수학교실과 메타버스의 만남

4차 산업혁명의 물결과 함께 교육의 패러다임은 빠르게 변화하고 있습니다. 특히, 인공지능(AI), 증강현실(AR), 가상현실(VR) 등의 기술이 발전하면서 교실은 더 이상 물리적 공간에만 국한되지 않습니다. 메타버스는 이러한 변화를 주도하는 핵심 기술로, 학생들이 가상의 공간에서 창의적이고 몰입적인 학습 경험을 할 수 있도록 돕고 있습니다.

이 책, **"수학교실 in 메타버스"는 메타버스를 활용한 수학교육의 새로운 가능성을 탐색하고, 실제 교육 현장에서 적용할 수 있는 방법을 제시합니다.** 단순히 이론적인 논의에 머무르지 않고, 메타버스 플랫폼 '젭(ZEP)'을 활용하여 수학교실을 구축하고, 효과적인 수업을 설계할 수 있도록 실질적인 가이드라인을 제공합니다.

책은 크게 세 부분으로 구성됩니다. 1부에서는 메타버스 플랫폼의 개념과 사용법을 다루고, 2부에서는 '젭(ZEP)'을 활용하여 수학교실을 구축하는 구체적인 방법을 소개합니다. 3부에서는 메타버스를 활용한 다양한 수학 수업 사례를 통해 실제 적용 방안을 탐색합니다. 특히, 자기주도학습 환경 조성, 협력 학습, 진로 연계 프로젝트 등의 활용 사례를 통해 메타버스가 수학교육에서 어떻게 유의미한 역할을 할 수 있는지를 살펴봅니다.

이 책이 미래 교육을 고민하는 교사들에게 새로운 **교육 환경을 설계할 수 있는 영감을 제공하고, 학생들에게 더욱 흥미롭고 효과적인 학습 경험**을 선사하는 데 기여할 수 있기를 바랍니다.

저자 일동

CONTENTS

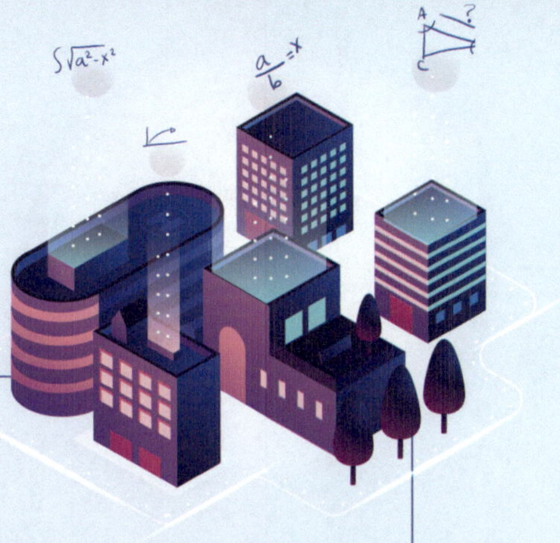

Chapter Ⅲ 젭(ZEP)을 활용한 수학 수업 ········ 061

부 록 활동지 ········ 203

찾아보기 ········ 212

CHAPTER I

젭(ZEP) 시작하기

1. 젭(ZEP)이란?
2. 로그인하기
3. 스페이스 만들기
4. 프로필 설정하기
5. 비디오/오디오 설정하기
6. 메타버스 더 알아보기

젭(ZEP)이란?

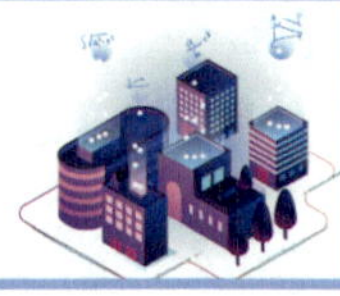

젭(ZEP)은 '바람의 나라: 연'을 개발한 게임사 슈퍼캣과 메타버스 플랫폼 제페토의 운영사인 네이버제트가 합작하여 설립한 메타버스 플랫폼입니다. 2021년 11월 30일 베타버전을 시작으로 2022년 3월 16일 정식서비스를 시작하였습니다.

젭에서는 하나의 메타버스 공간을 스페이스(Space)라고 합니다. 별도의 프로그램 설치나, 회원가입 없이 이메일 인증으로 스페이스에 입장이 가능하고 스페이스가 구축된 후에는 링크 공유 기능을 통해 다른 사람들을 스페이스에 쉽게 초대할 수 있습니다.

생성된 스페이스에 동시 접속 가능 인원은 최대 15만 명이고, 500명 이상 접속할 경우에는 500명 단위로 자동으로 스페이스에 채널이 나누어지게 됩니다. 최대 동시 접속자 10명까지는 무료로 이용이 가능하고 최대 동시 접속자 수에 따라 다양한 요금제가 운영 중입니다.

젭에서는 실제 교실, 우리 학교와 같은 실제 공간을 구현하거나 혹은 창의적인 가상의 스페이스를 제작하여 2D 아바타를 통해 사용자들끼리 여러 가지 상호 작용을 경험할 수 있습니다.

2 로그인하기

① 젭 홈페이지에 접속합니다.

홈페이지 주소는 zep.us입니다.

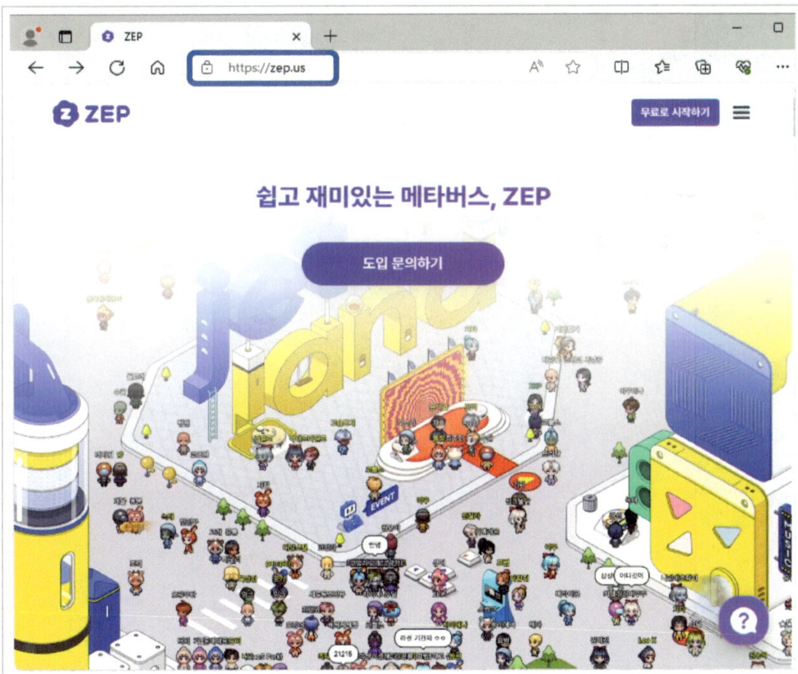

[그림 1-2-1] 젭 홈페이지

② 홈페이지 오른쪽 위에 [무료로 시작하기] 버튼이 있습니다. [무료로 시작하기] 버튼을 클릭합니다.

[그림 1-2-2] 무료로 시작하기

③ 구글 계정으로 로그인이 가능합니다. 젭 Edu 플랜을 사용하기 위해서는 웨일 스페이스 계정으로 로그인 해야 합니다.

※ 교육기관을 통해 발급받은 웨일 스페이스 ID로 접속하면 초, 중등 교육용으로 이용할 수 있습니다.

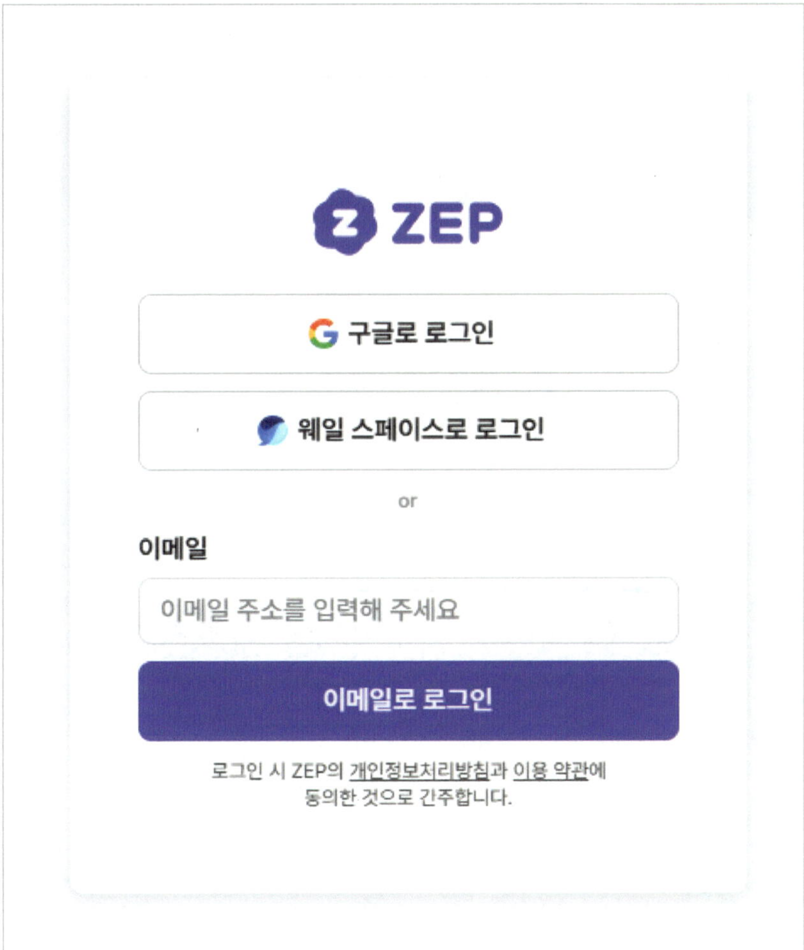

[그림 1-2-3] 구글 또는 웨일 스페이스로 로그인

④ 구글, 웨일 스페이스 계정이 없을 시 개인의 기존 이메일 주소를 이용해 로그인이 가능합니다.

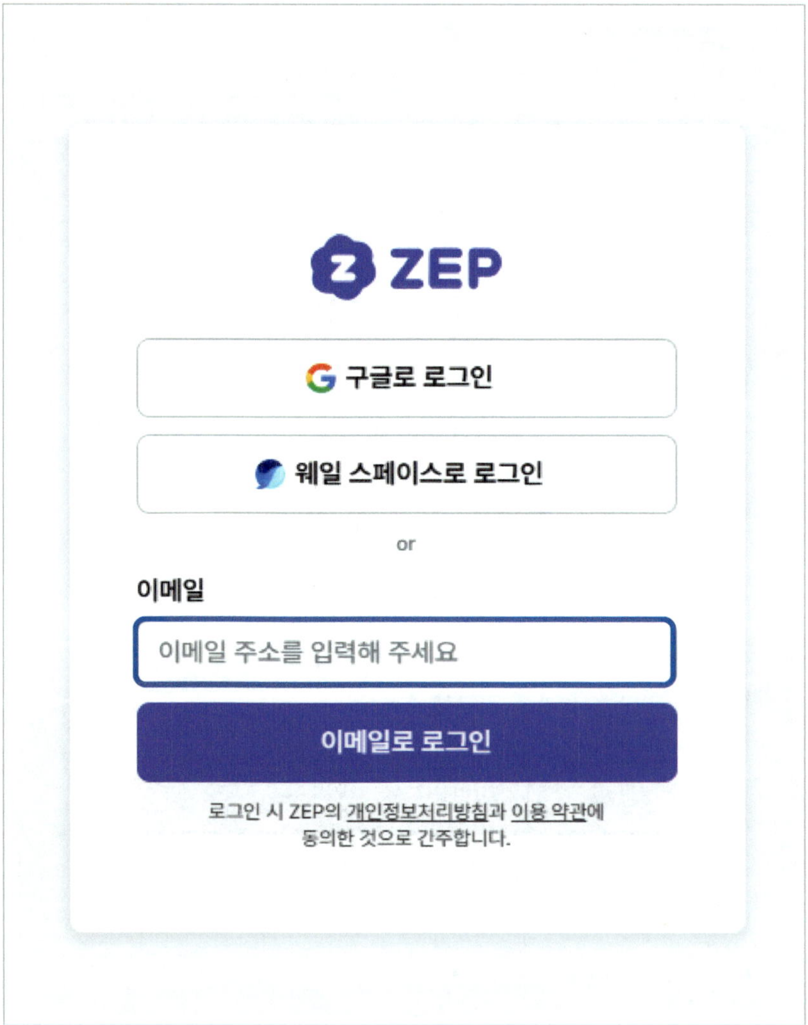

[그림 1-2-4] 이메일로 로그인

단, 이메일로 로그인 시에는 인증 코드가 해당 메일로 발송됩니다. 해당 이메일 주소로 받은 6자리 인증 코드를 입력합니다. 혹시 메일이 확인되지 않는다면 스팸 메일함을 확인합니다.

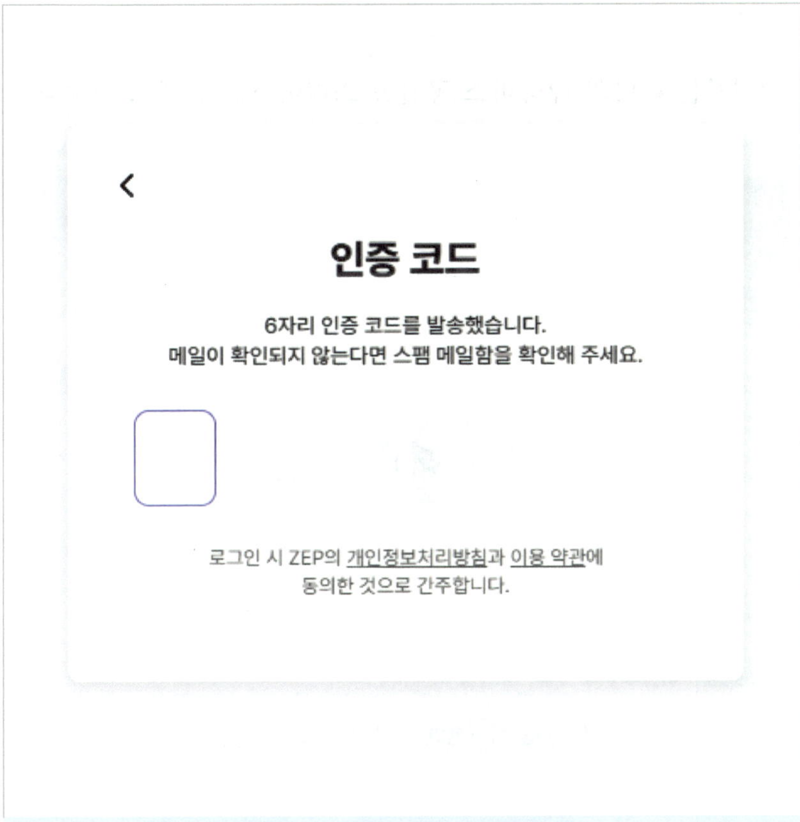

[그림 1-2-5] 이메일 6자리 인증 코드

3 스페이스 만들기

젭에서는 하나의 메타버스 공간을 스페이스(Space)라고 합니다.

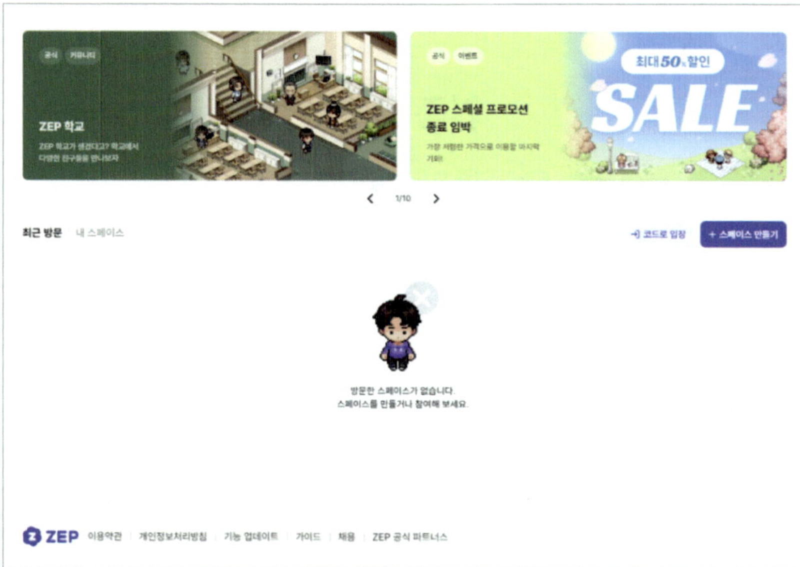

[그림 1-3-1] 스페이스 생성 전 로그인한 화면

① 젭에 로그인한 후 [+스페이스 만들기] 버튼을 클릭해 스페이스를 만듭니다.

※ [코드로 입장]을 통해 공유받은 코드를 입력하여 다른 사람이 구축한 공간에 접속할 수도 있습니다.

② [+스페이스 만들기] 버튼을 클릭하면 젭 자체에서 제공하는 템플릿들을 볼 수 있습니다. 사용하려는 공간의 목적과 동시 접속 인원 수를 고려하여 스페이스를 선택하면 쉽게 스페이스를 만들 수 있습니다. 스페이스를 선택하면 스페이스 이름 및 입장 비밀번호, 검색 허용 등의 공간의 기본 설정을 할 수 있습니다.

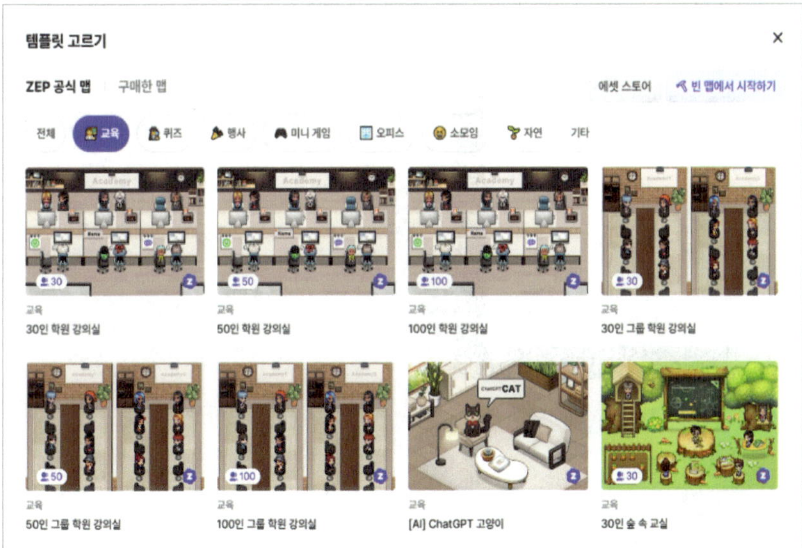

[그림 1-3-2] 교육 템플릿

※ 직접 스페이스를 만들려면 오른쪽 위의 [빈 맵에서 시작하기] 버튼을 선택합니다.

프로필 설정하기

① 아바타를 클릭하거나 화면 왼쪽 하단의 [아바타] 아이콘을 클릭하면 아바타를 꾸밀 수 있습니다.

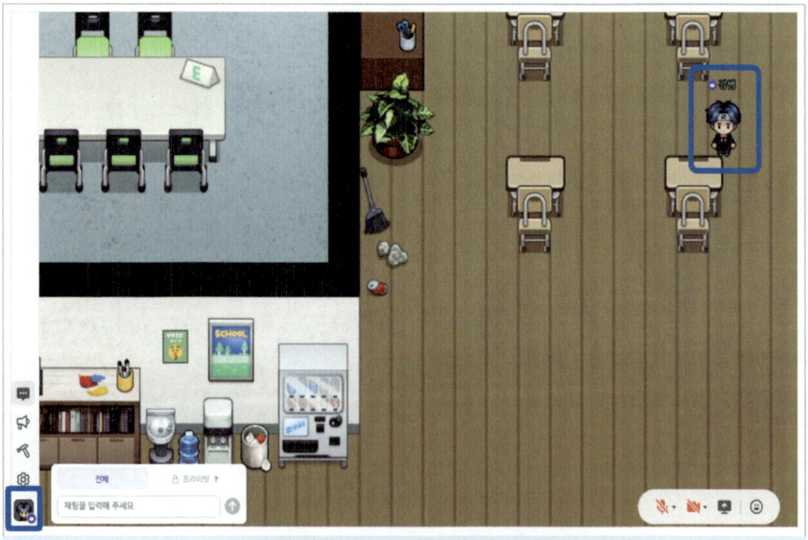

[그림 1-4-1] 아바타 꾸미기 버튼

② 내 프로필에서 오른쪽 [연필] 아이콘을 클릭하면 닉네임 설정을 할 수 있습니다.

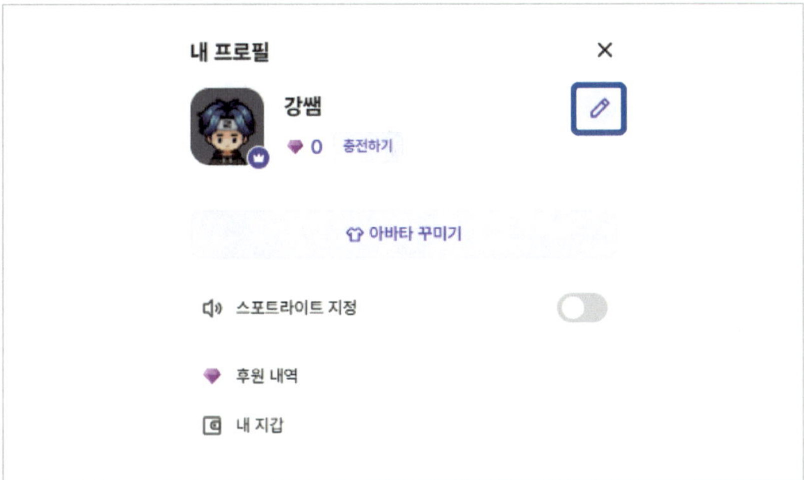

[그림 1-4-2] 닉네임 설정

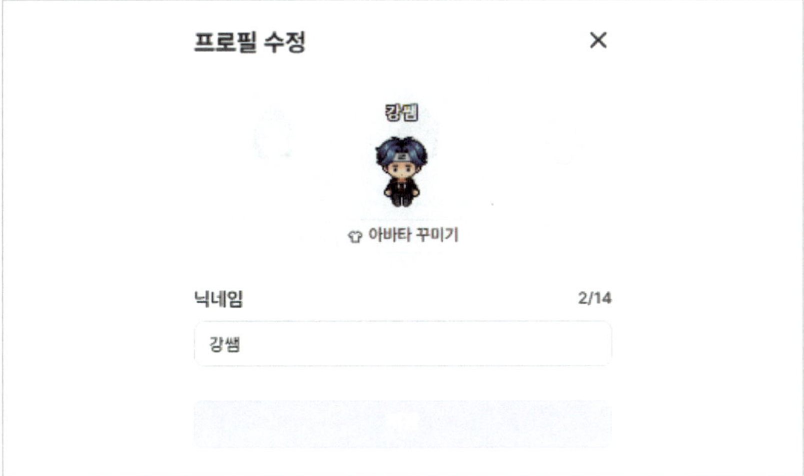

[그림 1-4-3] 닉네임 수정

③ [아바타 꾸미기] 버튼을 클릭하면 아바타의 헤어, 의류, 피부, 얼굴 등을 자신이 원하는 모습으로 꾸밀 수 있습니다.

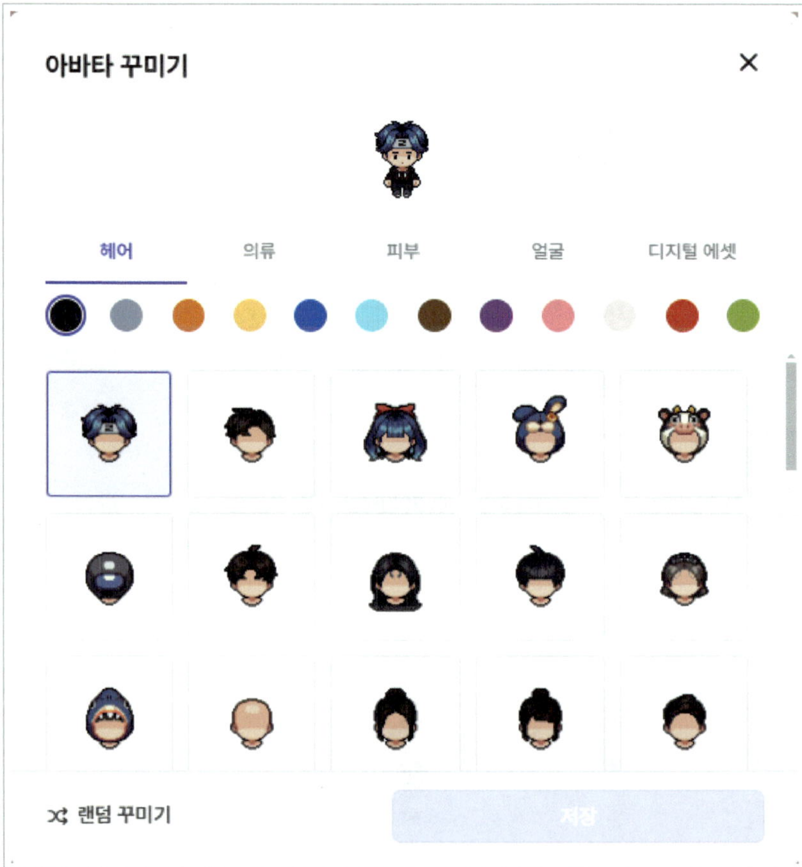

[그림 1-4-4] 아바타 꾸미기

5 비디오/오디오 설정하기

1 카메라/마이크 켜기/끄기

① 채팅창 아래에 있는 툴바에서 **카메라와 마이크 켜기/끄기**를 할 수 있습니다. 스페이스 입장 시 기본 설정은 꺼진 상태로 입장되며, 빨간색으로 표시됩니다. 꺼진 상태에서 아이콘을 클릭하면 아이콘이 흰색으로 변경되며 카메라와 마이크가 켜집니다.

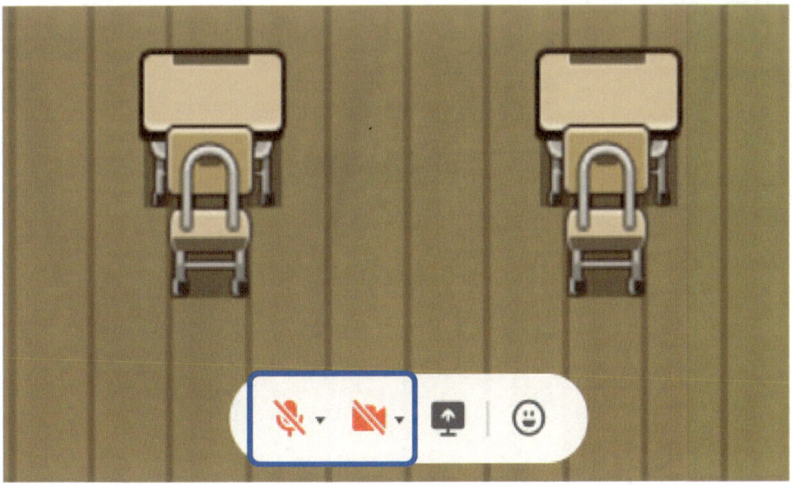

[그림 1-5-1] 카메라/마이크 켜기/끄기

② 카메라와 마이크의 설정은 화면 왼쪽의 사이드 **메뉴-설정-비디오/오디오 설정**에서 직접 변경이 가능합니다. 기본적인 카메라, 마이크, 스피커 설정뿐 아니라 비디오 좌우 반전, 배경 흐리게 등을 설정할 수 있습니다.

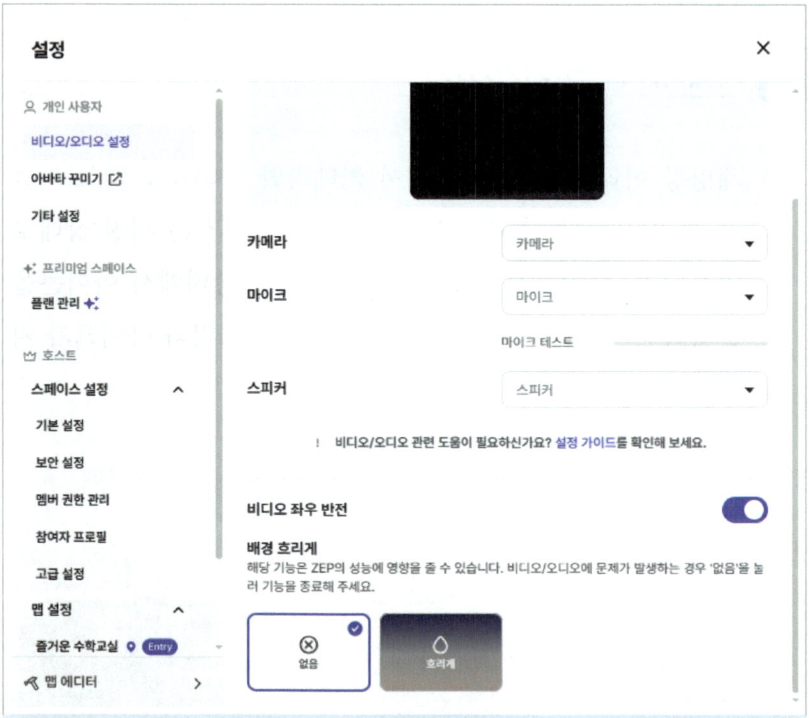

[그림 1-5-2] 비디오/오디오 설정

③ 기본적으로 비디오는 화면 상단에 위치해 있습니다. 위치를 조정하려면 화면 오른쪽 위의 레이아웃 아이콘을 클릭하여 [우측 정렬], [그리드 보기], [숨기기] 중에서 선택합니다. [우측 정렬]은 비디오가 화면 오른쪽에 나열됩니다. [우측 정렬]은 참가자가 많아 맵을 가리게 될 때 사용하면 좋습니다. [그리드 보기]는 참가자가 화면 중앙에 나타납니다. [숨기기]는 참가자들의 비디오가 화면에 보이지 않게 합니다. 참가자가 많아 맵이 보이지 않을 때 [숨기기]를 사용하면 맵을 이동하는데 편리합니다.

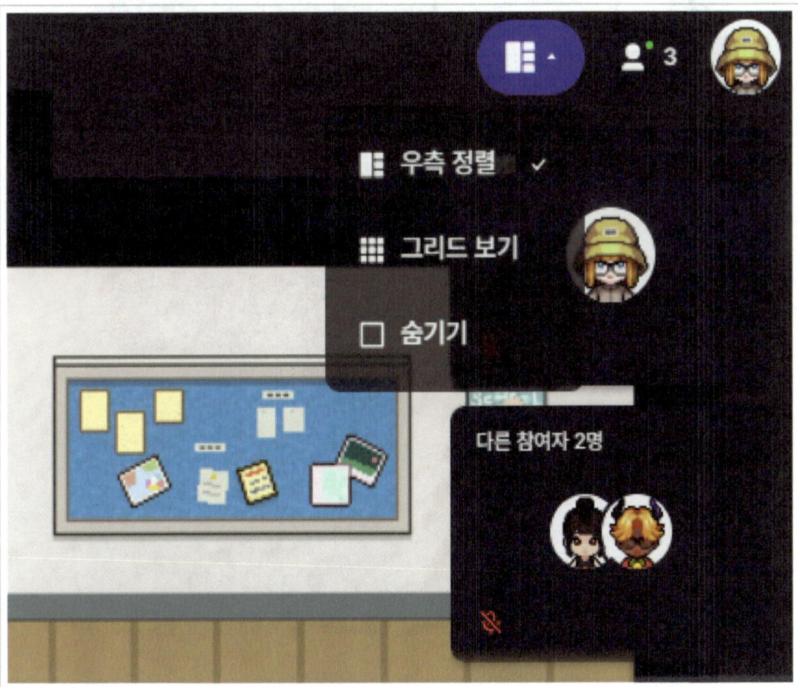

[그림 1-5-3] 비디오 레이아웃

2 화면 공유하기

① 채팅창 하단에 있는 툴바에서 **화면 공유** 아이콘을 클릭하여 내 화면을 공유할 수 있습니다.

[그림 1-5-4] 화면 공유

② 공유할 화면을 선택하고 **시스템 오디오도 공유**를 클릭합니다.

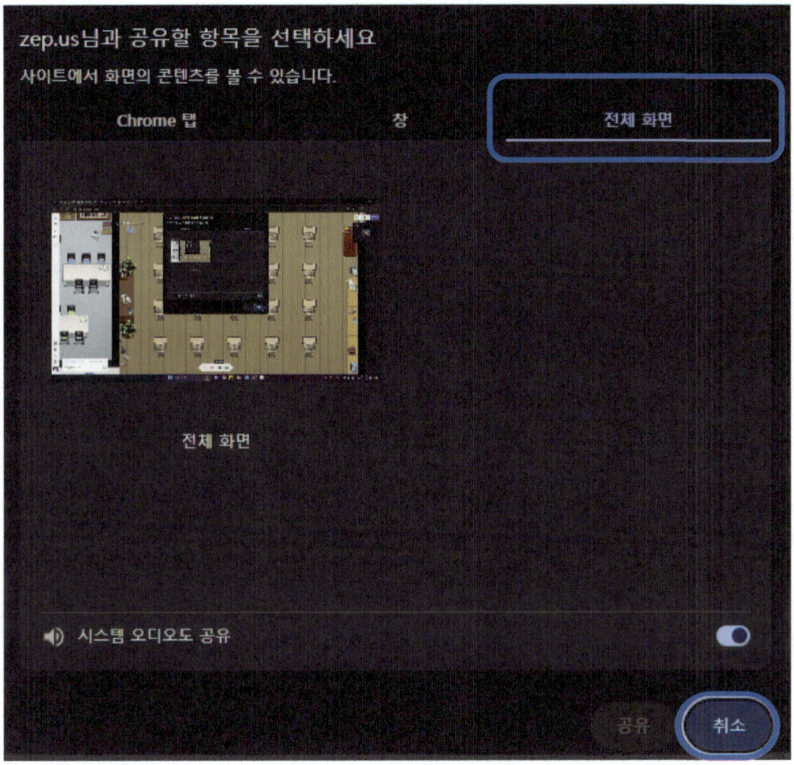

[그림 1-5-5] 화면 공유 설정

※ 시스템 오디오를 공유하지 않으면 마이크를 켜더라도 화면 공유 사운드는 공유가 되지만 발표자 목소리는 들리지 않습니다.

3 미디어 추가(임베드) 기능

① 화면 왼쪽 [메뉴] 버튼을 누르면 미디어를 추가할 수 있습니다. 추가하려는 버튼을 눌러 이미지, 유튜브, 파일 등 다양한 미디어를 추가합니다.

[그림 1-5-6] 미디어 추가 버튼 탭

② [유튜브]를 클릭한 후 유튜브 영상 링크에 삽입할 영상 URL을 붙여넣기 하면 유튜브 동영상(또는 라이브 피드)을 스페이스에 쉽게 연결할 수 있습니다.

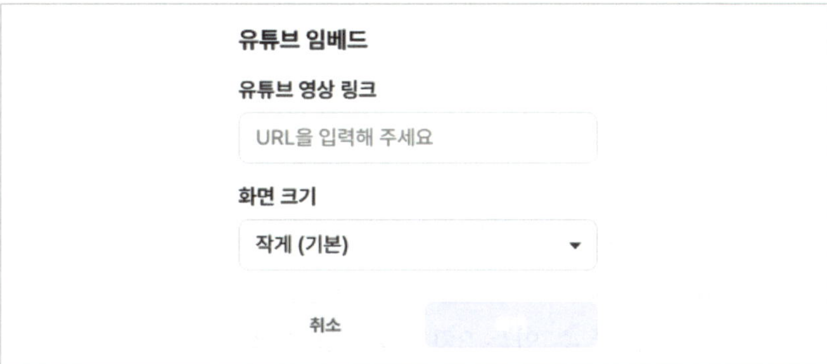

[그림 1-5-7] 유튜브 임베드 기능

영상이 삽입되면 아바타가 있는 위치에 영상 아이콘이 나타납니다. 비디오 시청이 끝나면 블록 위로 점프하여 영상 링크를 제거할 수 있습니다.

[그림 1-5-8] 영상이 삽입된 모습

6 메타버스 더 알아보기

1 메타버스와 아바타

메타버스(Metaverse)란 초월을 의미하는 메타(meta)와 현실 세계를 의미하는 유니버스(universe)의 합성어로, 아바타를 이용하여 현실 세계처럼 상호작용 할 수 있는 3차원 가상공간을 의미합니다.

아바타는 메타버스 내에서 사용자의 정체성, 관심사, 그리고 스타일을 표현하는 중요한 수단입니다. 이를 통해, 각 사용자는 자신만의 독특한 개성과 존재감을 메타버스 안에서 드러낼 수 있습니다.

아바타는 또한 메타버스 내에서의 소통과 상호작용의 핵심 역할을 수행합니다. 사용자들은 아바타를 통해 서로 의사소통하며, 협업하고, 다양한 사회적 활동을 펼치게 됩니다. 이 과정에서 가상공간 내 커뮤니티의 형성과 유지가 이루어집니다.

아바타의 활용은 메타버스에서의 몰입감을 극대화합니다. 사용자는 자신의 아바타를 통해 가상 세계를 직접 탐험하고, 여러 활동에 참여함으로써, 실제와 같은 경험을 느끼게 됩니다. 이는 가상 회의, 교육 프로그램, 엔터테인먼트 이벤트, 게임 참여 등 다양한 활동에 기여하며, 사용자는 심지어 가상 상품 구매나 가상 공간 설계와 같은 경제 활동에도 참여할 수 있습니다. 아바타를 통한 이러한 상호작용과 활동은 가상 세계에서의 새로운 형태의 연결성과 커뮤니케이션을 가능하게 합니다.

2 메타버스의 시작, 상상에서 현실로

메타버스라는 용어가 대중에게 처음 소개된 것은 1992년, 미국 소설가 닐 스티븐슨(Neal Stephenson)의 공상 과학(SF) 소설 '스노 크래시(Snow Crash)'를 통해서였습니다. 이 소설에서 메타버스는 오직 '아바타(Avatar)'를 사용하여 접근할 수 있는 가상 현실 세계로 묘사됩니다. 소설의 주인공인 히로는 이 가상의 세계에서 다양한 모험을 펼치게 됩니다.

메타버스의 특징과 가치 탐색: 메타버스의 핵심 기술

1 가상현실(VR)

가상현실(Virtual Reality, VR)은 사용자를 완전히 가상인 세계로 이동시키는 기술입니다. VR을 사용하면, 실제 세계와는 전혀 다른, 컴퓨터로 만들어진 환경에 몰입할 수 있습니다. 몰입감을 위해 사용자는 VR 헤드셋(HMD)을 머리에 쓰고, 때로는 손으로 조작할 수 있는 컨트롤러를 사용하여 가상 세계를 경험합니다. 헤드셋은 사용자의 머리 움직임을 감지해서, 보는 방향에 따라 화면이 바뀌게 해줍니다. 이렇게 해서, 마치 실제로 그 가상 세계 안에 있는 것처럼 느낄 수 있게 만들어 줍니다. 예를 들어, VR을 사용하면 우주 공간을 탐험하거나, 역사적인 사건 속으로 들어가 볼 수도 있고, 심지어는 해저를 거닐어보는 경험도 할 수 있습니다.

2 증강현실(AR)

증강현실(Augmented Reality, AR)은 실제 환경 위에 가상의 이미지나 정보를 겹쳐 보여주는 기술입니다. 사용자는 스마트폰 앱이나 AR 안경 같은 기기를 통해, 물리적 공간에 통합된 가상의 데이터를 실시간으로 경험할 수 있습니다. 증강현실 기술은 포켓몬 GO와 같은 인터랙티브 게임에서부터, 가구를 실제 공간에 배치해 보는 애플리케이션에 이르기까지 다양한 분야에서 활용되고 있습니다. 이를 통해 사용자는 현실 세계를 새로운 시각으로 경험하며, 정보의 흐름을 더욱 직관적이고 실감 나게 받아들일 수 있습니다.

3 혼합현실(MR)

혼합현실(Mixed Reality, MR)은 가상 현실(VR)과 증강 현실(AR)의 경계를 허물며, 실제 세상과 가상의 것들이 서로 상호작용하는 새로운 환경을 만드는 기술입니다. 이는 사용자에게 실제 환경과 디지털 정보가 융합된 경험을 제공함으로써, 현실 세계를 더욱 풍부하고 직관적으로 만듭니다. MR은 특수 제작된 헤드셋을 포함한 다양한 장치를 통해 구현되며, 이들 장치는 사용자의 시야에 직접 가상 이미지를 투영하여, 가상 객체가 실제 환경에 자연스럽게 존재하는 것처럼 보이게 합니다. 혼합 현실의 응용 사례로는 복잡한 기계의 가상 조작 훈련, 의료 분야에서의 수술 시뮬레이션, 그리고 고도로 상호작용하는 교육적 경험 제공 등이 있습니다. 이처럼 MR은 실제와 가상의 경계를 넘나들며, 학습, 작업, 그리고 일상생활에서의 상호작용 방식을 혁신적으로 변화시키고 있습니다.

4 확장현실(XR)

확장현실(eXtended Reality, XR)은 현실과 가상을 결합하는 모든 기술을 아우르는 용어로, XR은 가상현실(VR), 증강현실(AR), 혼합현실(MR) 등을 포함하며, 이들 각각의 기술이 제공하는 다양한 수준의 현실과 가상 세계의 결합을 의미합니다. 이러한 XR은 실제와 가상 환경 사이의 경계를 좁히며, 이 두 세계를 연결하는 다양한 기술적 접근 방식을 총칭합니다. XR은 교육, 엔터테인먼트, 의료, 제조, 군사 등 다양한 분야에서 활용되고 있습니다. 예를 들어, 교육에서는 XR 기술을 통해 학생들은 역사적 사건을 직접 경험하거나, 우주 공간을 탐험하고, 생물학적 구조를 3D로 살펴볼 수 있습니다. 이러한 경험은 학습 내용에 대한 이해를 깊게 하고, 기억에 오래 남게 합니다. 이처럼 XR은 사용자에게 현실을 넘어선 새로운 차원의 경험을 제공하며, 실생활과 디지털 세계의 경계를 허물고 있습니다.

CHAPTER II

젭(ZEP) 수학교실 구축하기

1. 공간 설계하기
2. 메인 교실 만들기
3. 전시관 만들기
4. 포털로 공간 연결하기
5. 맵 에디터로 공간 수정하기
6. 오브젝트 설정하기

공간 설계하기

수학 교실을 구축하는 데 필요한 공간을 다음과 같이 구상합니다.

- 메인 교실: 학생들이 처음 접속했을 때 모일 수 있는 공간
- 조별 학습 공간: 학생들이 모둠별로 자유롭게 활동할 수 있는 공간
- 전시관: 개념이나 과제 등 다양한 콘텐츠를 살펴볼 수 있는 공간

구상한 공간들을 다음과 같이 배치해 봅시다.

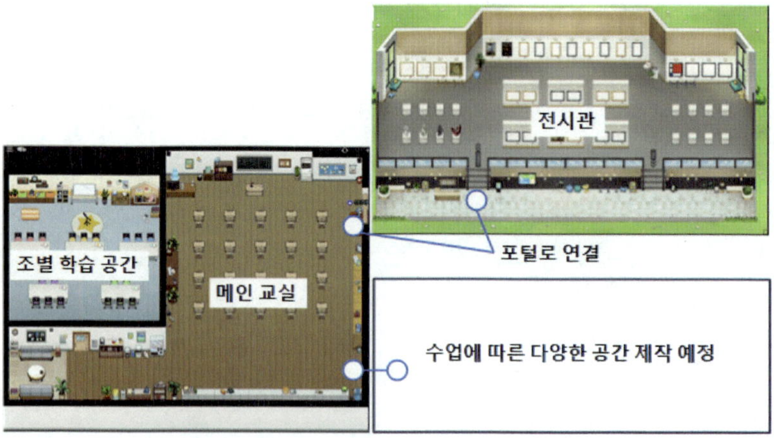

[그림 2-1-1] 공간 구상

공간 설계를 위한 고려 사항

- '메인 교실'을 중심으로 다양한 장소가 연결되도록 계획합니다. 젭에서 제공하는 '학교 교실' 템플릿에는 '조별 활동 공간'이 만들어져 있습니다.
- '전시관'에서는 개념이나 학생들의 과제물을 사진으로 전시하거나, 인터넷에 있는 수학 관련 영상들을 연결하여 시청할 수 있습니다. 전시관과 메인 교실을 '포털'로 서로 연결되게 구상합니다.
- 수업 형태에 따라 다양한 공간을 추가할 수 있습니다. 앞으로 있을 단원 마무리 방 탈출 공간이나, 다양한 행사 공간을 연결할 여지를 남겨둡니다.

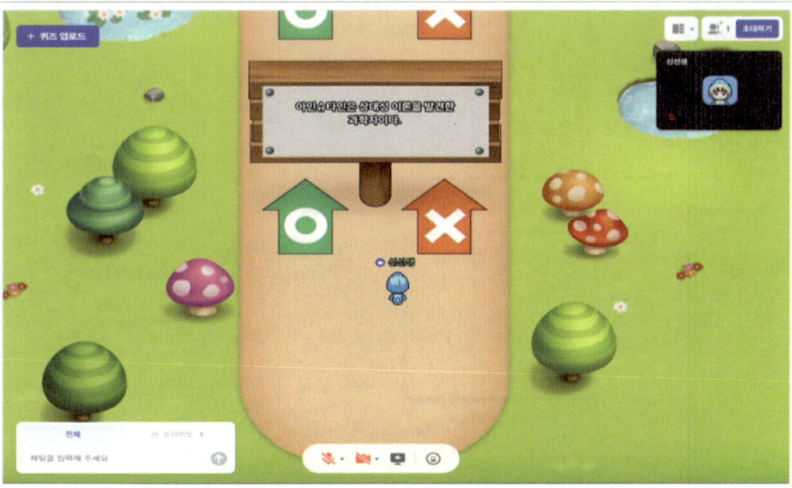

[그림 2-1-2] 다양한 행사 공간 예시(OX 퀴즈룸)

2 메인 교실 만들기

젭에서 제공하는 기본 템플릿을 활용하여 메인 교실을 만들어 봅시다.

① 젭에 로그인한 후 [+ 스페이스 만들기] 버튼을 클릭하여 교육 영역에서 메인 교실이 될 '학교 교실' 템플릿을 선택합니다.

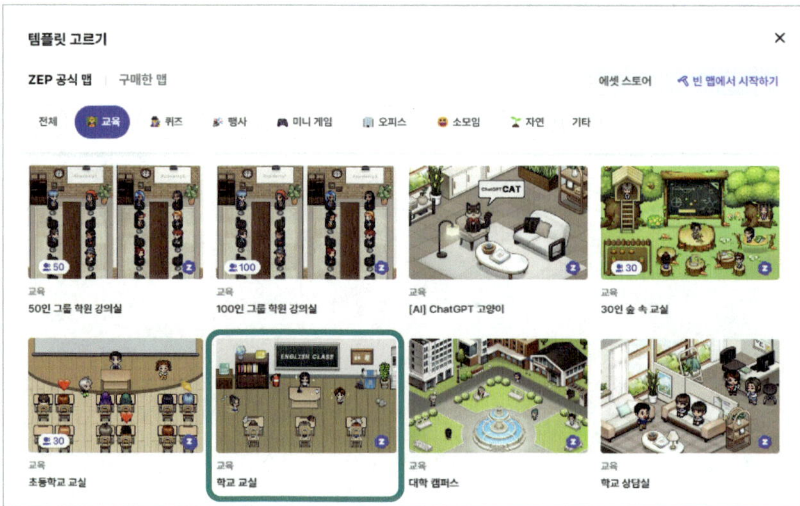

[그림 2-2-1] 템플릿 고르기

② 스페이스 이름, 입장 비밀번호, 검색 허용 등을 설정합니다. 스페이스 이름으로 '즐거운 수학교실'을 입력해 보겠습니다.

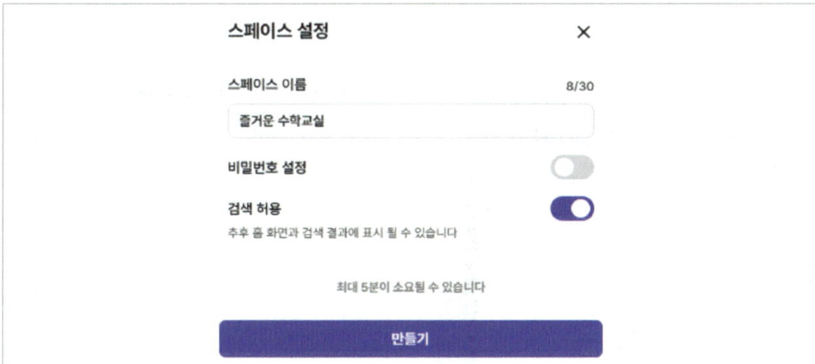

[그림 2-2-2] 스페이스 설정

비밀번호를 설정하면 스페이스 입장 시 비밀번호를 입력해야 접속할 수 있습니다. 암호는 최소 1글자 이상 32자 이하로 입력할 수 있으며, 한글 자모음, 영어 대소문자, 숫자, 특수문자 등 자유롭게 설정할 수 있습니다.

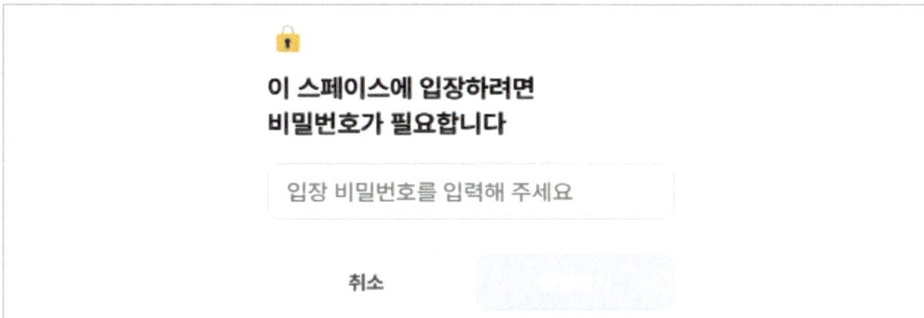

[그림 2-2-3] 비밀번호 설정

생성된 '즐거운 수학교실' 스페이스는 학생들이 입장했을 때 모일 수 있는 공간인 '메인 교실'과 모둠별로 이야기를 나눌 수 있는 '조별 학습 공간'으로 구성되어 있습니다.

[그림 2-2-4] 생성된 '즐거운 수학교실' 스페이스

3 전시관 만들기

① 화면의 왼쪽 탭에서 [맵 에디터] 버튼을 클릭합니다.

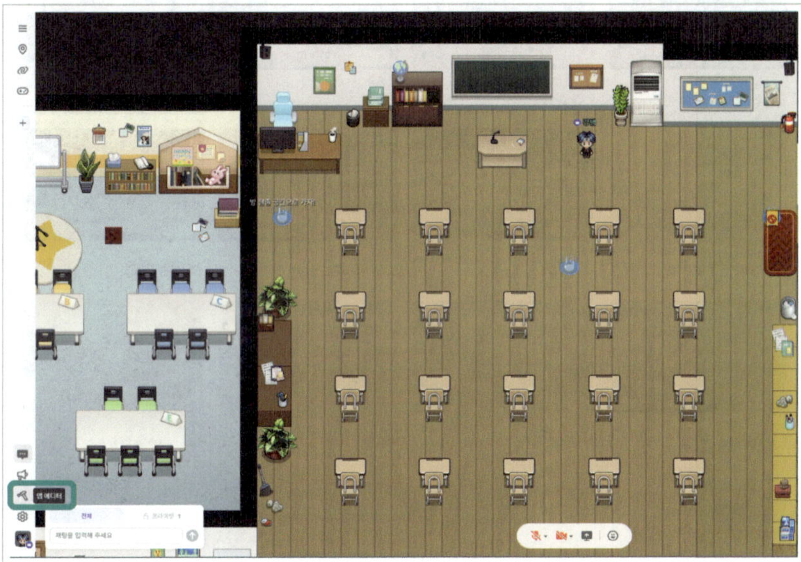

[그림 2-3-1] 맵 에디터 접속

② 왼쪽 [맵 관리자] 메뉴의 하단에 [+새 맵 추가하기]를 클릭하여 원하는 템플릿을 선택합니다. 여기에서는 [전시관(전시품 30점)] 템플릿을 선택해 보겠습니다.

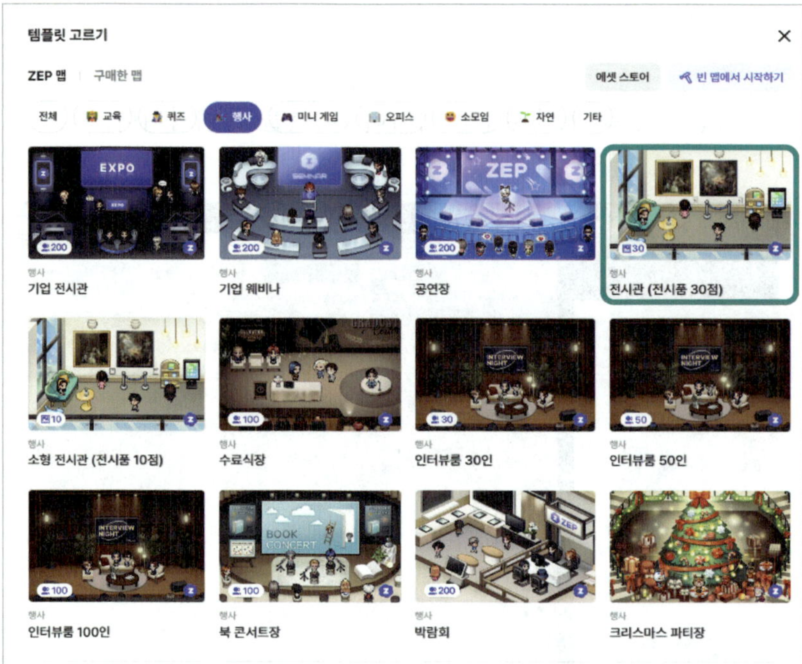

[그림 2-3-2] 전시관 템플릿 고르기

③ 맵의 이름을 전시관으로 작성하고 생성된 맵을 확인합니다.

[그림 2-3-3] 생성된 전시관 스페이스

전시관 템플릿은 30개의 액자형 게시물과 16개의 입체 구조물을 전시할 수 있도록 구성되어 있습니다. 맵 에디터에서 '오브젝트'를 활용하여 간단한 안내, 텍스트 자료, 사진, 객관식 문제, 웹사이트로 이동하기 등을 설정해 수업에 활용할 수 있습니다. 또한, 에셋스토어에서 다양한 오브젝트를 다운 받아서 액자의 그림을 다른 그림으로 변경하여 공간을 꾸밀 수도 있습니다.

포털로 공간 연결하기

① 생성된 '전시관'을 '메인 교실'과 연결하기 위해 화면 상단의 툴바에서 [타일 효과]를 선택하고 [도장]을 클릭합니다. 도장 크기를 지정한 후 오른쪽 패널에서 [포털]을 선택합니다.

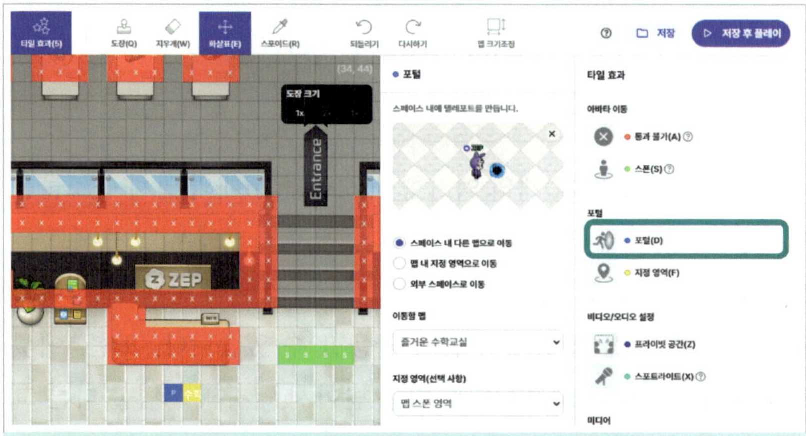

[그림 2-4-1] [포털]-[스페이스 내 다른 맵으로 이동]

② 포털 메뉴 중 [스페이스 내 다른 맵으로 이동]을 클릭하고 이동할 맵에서 메인 교실인 '즐거운 수학교실'을 선택합니다. 지정 영역과 표시 이름은 선택 사항입니다. 이동 방법 선택 후 메인 교실과 연결될 위치에 마우스를 클릭하여 포털을 설치합니다. 해당 위치에 타일 효과 모양(P)이 나타납니다. [저장 후 플레이]를 클릭하여 포털이 잘 작동하는지 확인합니다.

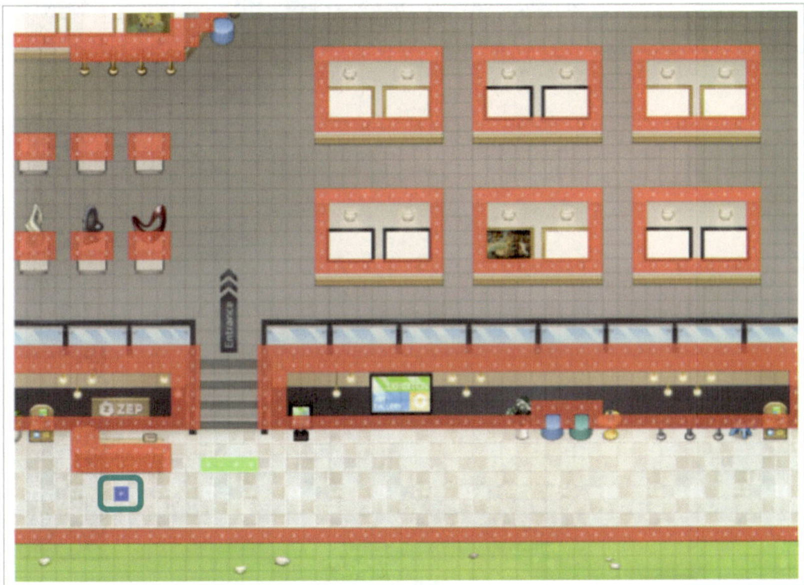

[그림 2-4-2] 전시관에 포털 설치

③ '메인 교실'에서도 '전시관'으로 이동할 수 있도록 '메인 교실'에 [포털]을 설치합니다. 먼저, 왼쪽의 맵 관리자에서 '메인 교실'에 해당하는 '즐거운 수학교실' 맵을 선택합니다.

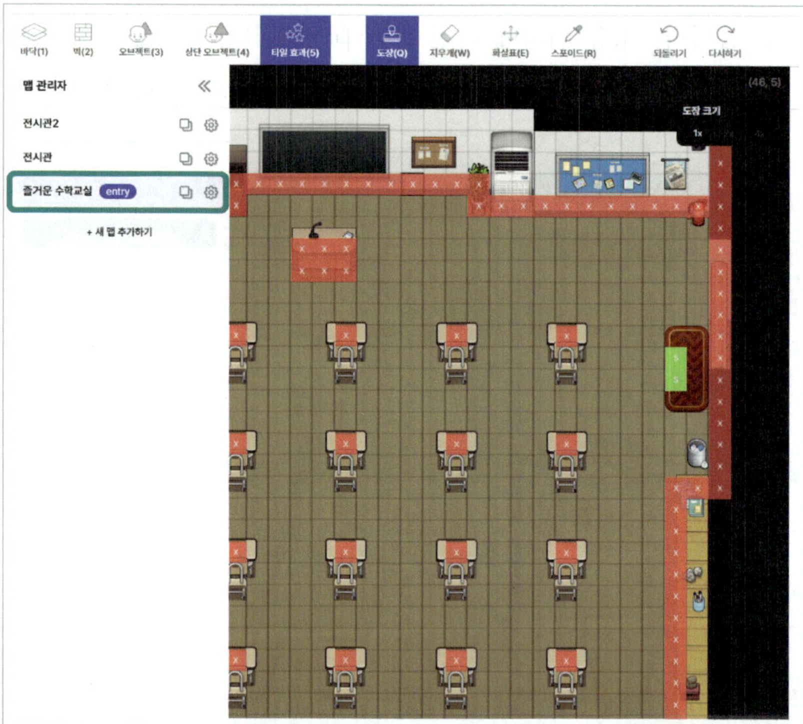

[그림 2-4-3] 맵 관리자에서 메인 교실 접속

④ 화면 위쪽 툴바에서 [타일 효과]-[도장]을 선택하고 오른쪽 패널에서 [포털]을 선택한 후, 이동할 맵으로 '전시관'을, 이동 방법(F키를 눌러 이동, 바로 이동)을 선택하고 포털의 원하는 위치를 선택 후 클릭하여 포털을 설치합니다.

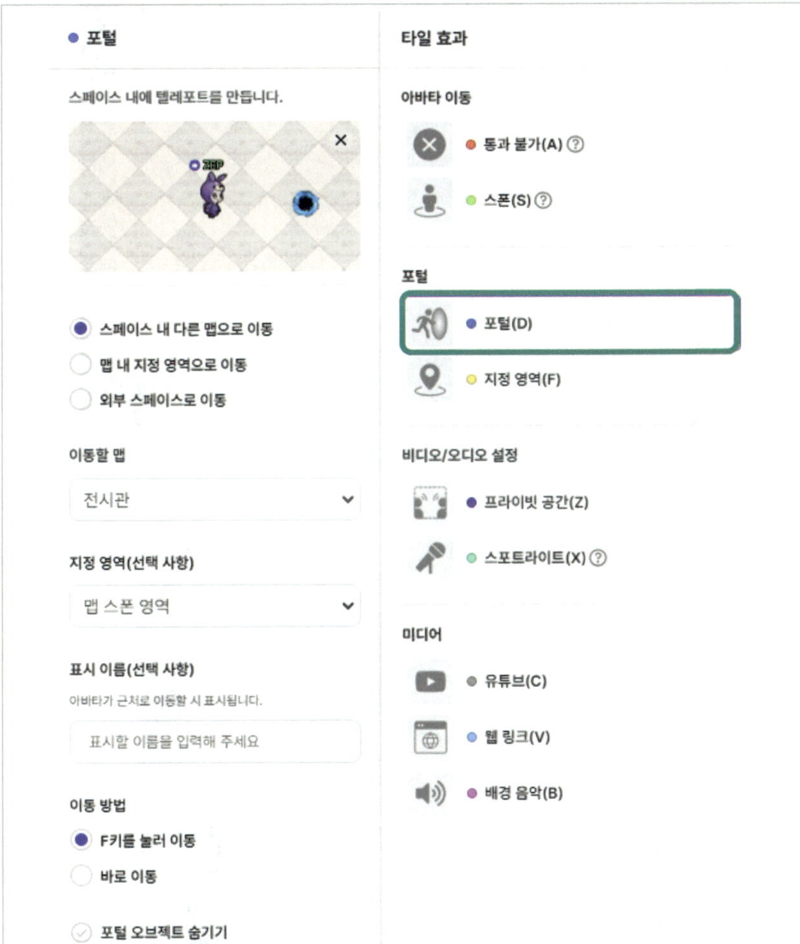

[그림 2-4-4] 타일효과 포털 설정

⑤ [저장 후 플레이]를 클릭하여 포털이 잘 작동하는지 확인합니다.

[그림 2-4-5] 메인 교실 포털 설치

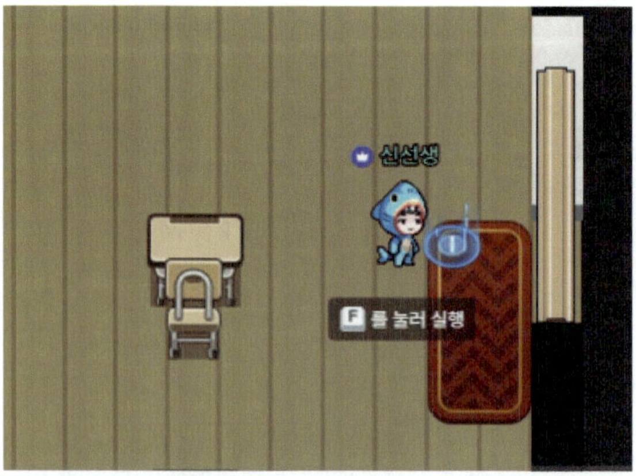

[그림 2-4-6] 포털 작동 모습

5 맵 에디터로 공간 수정하기

[맵 에디터]를 통해 수학 교실을 꾸밀 수 있습니다. 바닥과 벽을 수정해보고 타일 효과 등을 설정해 봅시다.

① 홈에서 접속하기

홈 – 내 스페이스에서 스페이스명 옆의 점 세 개를 눌러 [맵 에디터]를 클릭하여 접속합니다.

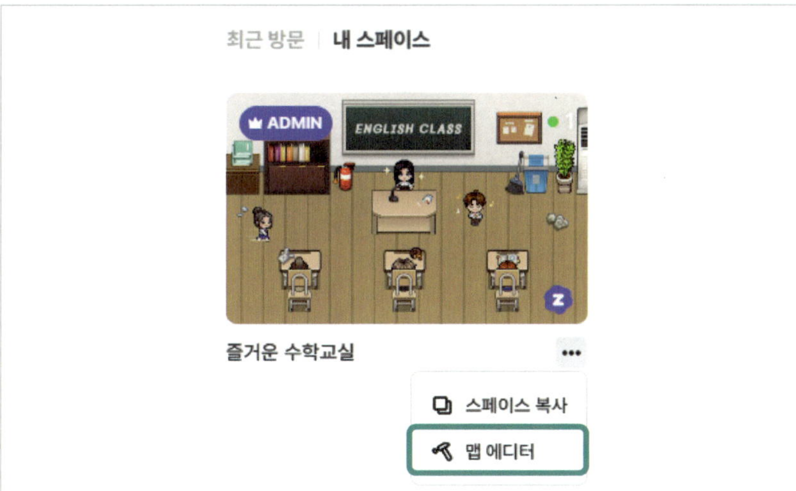

[그림 2-5-1] 홈-내 스페이스-맵 에디터 접속

② 스페이스에서 접속하기

스페이스에 이미 접속한 경우에는 왼쪽 아래에 있는 [맵 에디터] 아이콘을 클릭해 주세요.

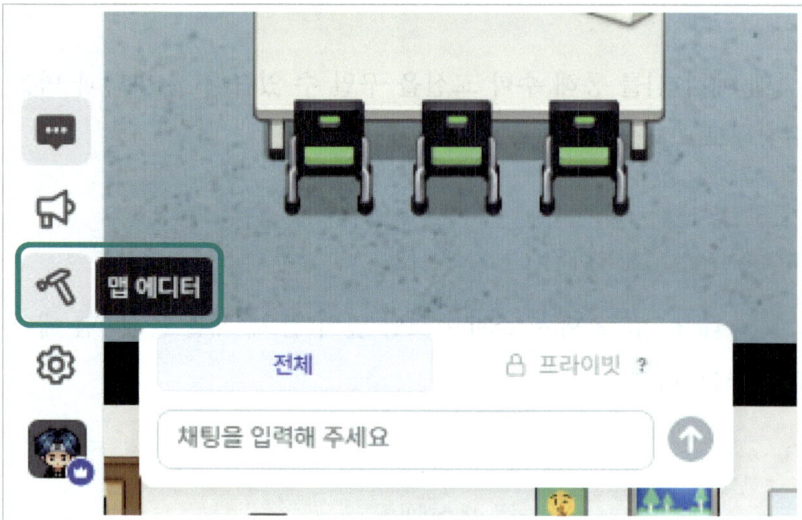

[그림 2-5-2] 스페이스에서 맵 에디터 접속

③ 맵 에디터

[맵 에디터]를 클릭하면 맵을 수정할 수 있는 맵 에디터 화면이 나타납니다.

[그림 2-5-3] 맵 에디터 화면

④ 기본 조작 툴

화면 위쪽에 맵 에디터를 사용하기 위한 기본 조작 툴바가 있습니다. 기본 조작 툴에는 도장, 지우개, 화살표, 스포이드, 되돌리기, 다시하기, 맵 크기 조정이 있고 이름 옆 괄호 안 숫자와 영어는 단축키를 의미합니다.

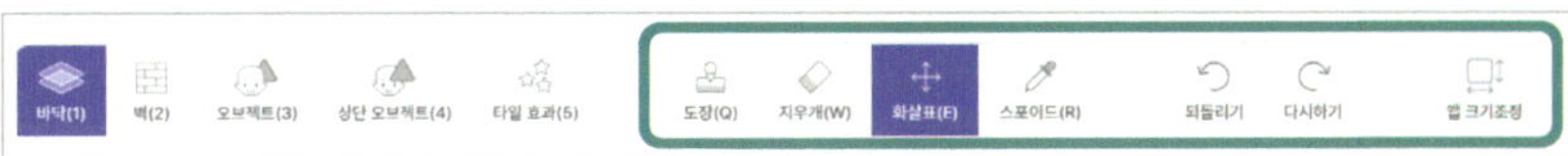

[그림 2-5-4] 맵 에디터 툴바

1 바닥 설정하기

스페이스의 바닥 타일의 종류를 선택할 수 있습니다. 바닥 아이콘의 단축키는 숫자 1을 누르면 됩니다. 바닥 타일 한 개의 크기는 32×32px(픽셀) 입니다.

❶ 화면 위쪽의 툴바에서 [바닥] 아이콘을 선택합니다.

❷ [도장] 아이콘을 클릭하고 도장 크기를 정합니다. 여기서 도장 크기는 한꺼번에 삽입이 가능한 타일의 수를 의미합니다.

❸ 오른쪽 패널에서 원하는 바닥 타일을 선택하고 맵에서 원하는 위치에 가서 마우스를 클릭합니다.

[그림 2-5-5] 바닥 타일 설정

※ 설치한 바닥은 지우개(단축키 W)로 삭제할 수 있습니다. 바닥 타일 수정이 끝나면 저장을 눌러 편집한 내용을 저장합니다.

2 벽 설정하기

벽 타일을 설치하면 실제 우리가 벽을 지나갈 수 없듯이 아바타도 그 곳을 지나갈 수 없습니다. 단축키는 숫자 2를 누르면 됩니다.

❶ 화면 위쪽의 툴바에서 [벽] 아이콘을 선택합니다.

❷ [도장] 아이콘을 클릭하고 도장 크기를 지정합니다.

❸ 오른쪽 패널에서 설치할 벽 타일을 선택하고 맵에서 원하는 위치에 가서 마우스를 클릭합니다.

[그림 2-5-6] 벽 타일 설정

[그림 2-5-7] 벽 설치 모습

3 타일 효과 사용하기

타일 효과를 이용하여 타일에 특정 기능을 추가할 수 있습니다.

[타일 효과]를 클릭하면 오른쪽에 타일 효과 패널이 나타납니다. 타일 효과 패널에는 통과 불가, 스폰, 포털, 지정 영역, 프라이빗 공간, 스포트라이트, 유튜브, 웹링크, 배경음악이 있습니다.

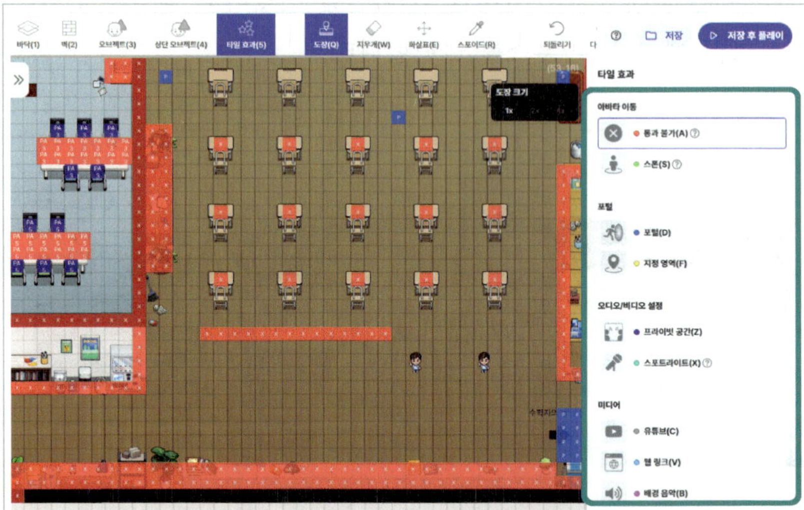

[그림 2-5-8] 타일 효과 통과 불가 설정

※ 타일 효과는 한 타일에 하나만 가능합니다.

① 통과 불가

아바타가 통과할 수 없도록 설정하는 타일입니다.

[타일 효과]를 선택하고 [도장]을 클릭합니다. 도장 크기를 지정한 후 패널에서 통과 불가를 선택합니다. 원하는 곳에 클릭하여 아바타가 통과할 수 없는 타일을 만들고 [저장] 또는 [저장 후 플레이] 버튼을 클릭하여 타일 효과를 저장합니다.

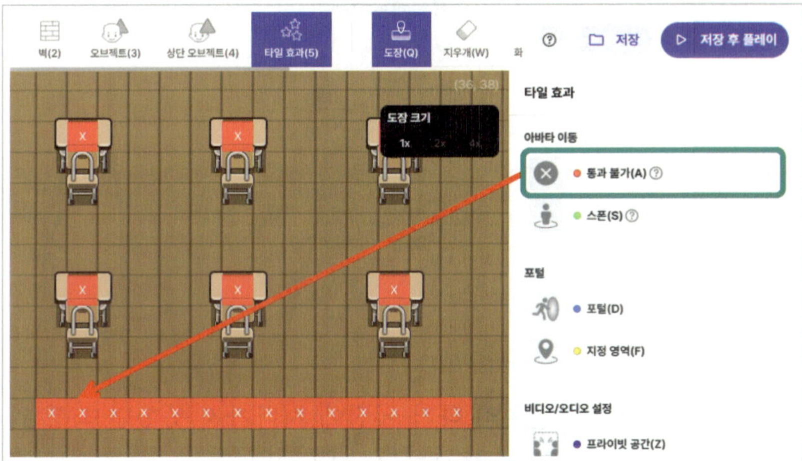

[그림 2-5-9] 통과 불가 타일 설치 모습

스페이스로 돌아가면 아바타가 통과 불가 타일을 지나가지 못하게 되는 것을 확인할 수 있습니다.

만약 이미 지정된 타일 효과를 삭제하려면 [타일 효과]를 선택하고 [지우개]를 클릭합니다. 도장 크기 지정 후 [통과 불가]를 선택하고 삭제할 타일을 클릭하여 효과를 삭제합니다. [저장] 또는 [저장 후 플레이] 버튼을 클릭하여 효과를 저장합니다.

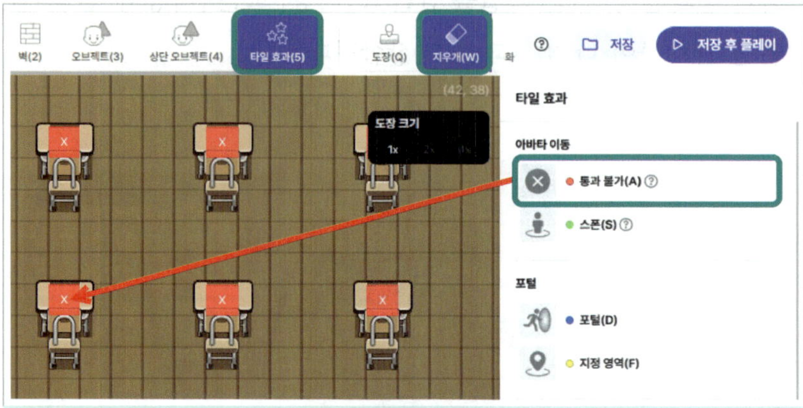

[그림 2-5-10] 통과 불가 효과 삭제

스페이스에 들어가면 아바타가 이전에 지나가지 못했던 책상 위를 지나갈 수 있는 모습을 확인할 수 있습니다.

[그림 2-5-11] 책상 위를 지나가는 아바타

② 스폰

스폰은 스페이스에 처음 접속했을 때 아바타의 위치를 설정하는 기능입니다. 이때, 스폰을 여러 곳에 지정하면 아바타가 랜덤으로 나타납니다.

[타일 효과]를 선택하고 [도장]을 클릭합니다. 도장 크기를 지정한 후 패널에서 스폰을 선택합니다. 원하는 곳을 클릭하면 스폰을 나타내는 타일 효과 모양(S)이 나타납니다. [저장] 또는 [저장 후 플레이] 버튼을 클릭하여 효과를 저장합니다.

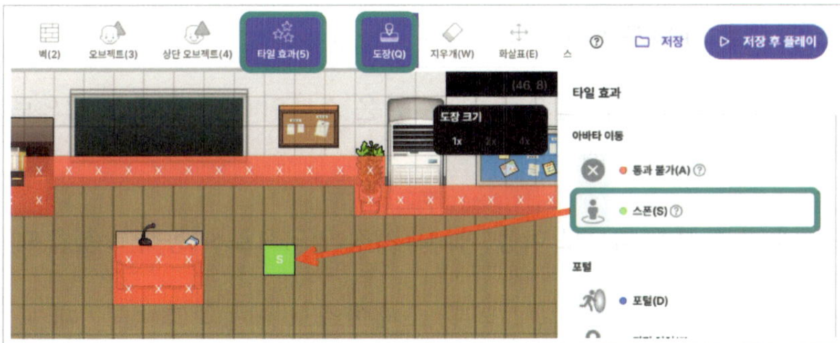

[그림 2-5-12] 타일 효과 스폰 설정

스페이스에 들어가면 스폰을 지정한 위치에 아바타가 나타나는 것을 볼 수 있습니다.

[그림 2-5-13] 스폰 위치에 나타난 아바타

③ 포털

포털은 아바타를 다른 맵으로 이동시키는 입구를 만드는 기능으로 세 가지 유형으로 설치할 수 있습니다.

- 스페이스 내 다른 맵으로 이동: 같은 스페이스 내에 다른 맵으로 이동하고 싶을 때
- 맵 내 지정 영역으로 이동: 맵 내 지정 영역으로 이동하고 싶을 때
- 외부 스페이스로 이동: 외부 스페이스로 이동하고 싶을 때

[타일 효과]를 선택하고 [도장]을 클릭합니다. 도장 크기를 지정한 후 패널에서 포털을 선택합니다. 포털 메뉴 중 스페이스 내 다른 맵으로 이동을 선택합니다. 이동할 맵에서 원하는 곳을 선택합니다. [저장] 또는 [저장 후 플레이] 버튼을 클릭하여 효과를 저장합니다.

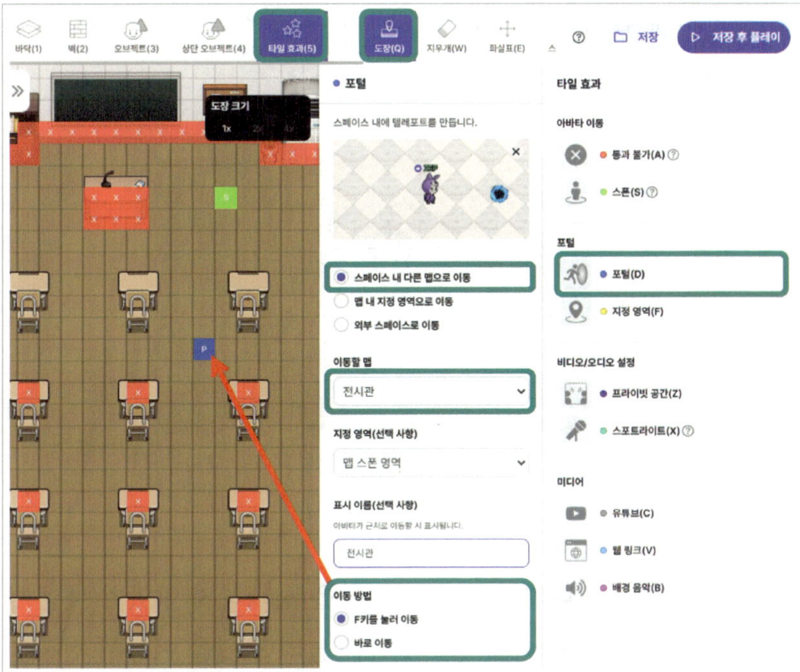

[그림 2-5-14] 타일 효과 포털 설정 모습

지정 영역과 표시 이름은 선택사항입니다. 지정 영역은 젭 스크립트로 동작하는 특수한 영역을 지정할 수 있습니다. 표시 이름은 캐릭터가 가까이 갔을 때 표시됩니다. 여기서는 '전시관'이라고 설정했습니다. 이동 방법(F키를 눌러 이동, 바로 이동) 선택 후 포털을 설치할 위치를 클릭하면 타일 효과 모양(P)이 나타납니다. [저장] 또는 [저장 후 플레이] 아이콘을 클릭하여 효과를 저장합니다.

스페이스에 들어가면 포털이 생기고 그 위에 표시 이름이 적혀 있습니다.

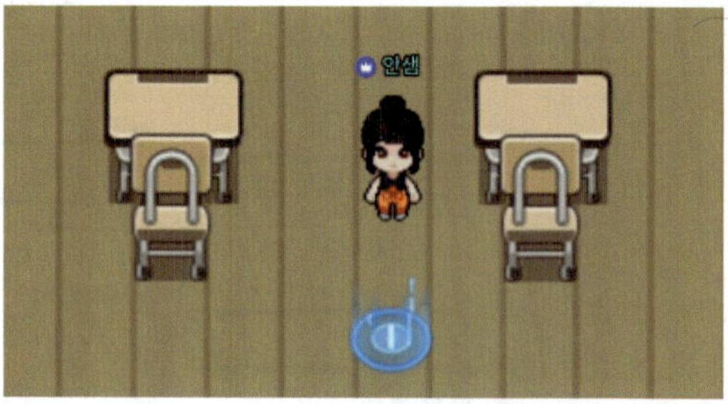

[그림 2-5-15] 포털 생성

아바타가 포털에 다가가면 바로 이동을 선택하지 않았기 때문에 안내문이 나타납니다. 이때 영문 F키를 눌러 포털을 이용해 전시관으로 이동합니다.

[그림 2-5-16] 전시관으로 이동한 아바타

④ 지정 영역

타일 효과의 [지정 영역]을 설정하면, 포털을 이용하여 이동할 맵의 지정 영역으로 아바타가 나타날 수 있습니다.

지정 영역 설정을 이용하여 메인 교실에서 전시관으로 포털을 통해 이동할 때, 전시관 맵의 스폰 타일이 설정된 위치가 아닌 다른 곳으로 아바타가 이동할 수 있도록 설정해 보겠습니다.

※ 포털로 이동할 때, 지정 영역은 '맵 스폰 영역'으로 기본 설정되어 있습니다.

전시관 맵에서 타일 효과의 [지정 영역]에서 영역 이름을 설정하고 [도장]을 이용하여 다른 공간에서 포털을 통해 아바타가 나타날 공간을 설정합니다.

[그림 2-5-17] 타일 효과 지정 영역 설정

메인 교실로 돌아와, 타일 효과를 선택해 [화살표]를 이용하여 전시관과 연결된 포털을 찾아 맵을 이동하고 [도장]을 선택한 후, 포털을 클릭합니다.

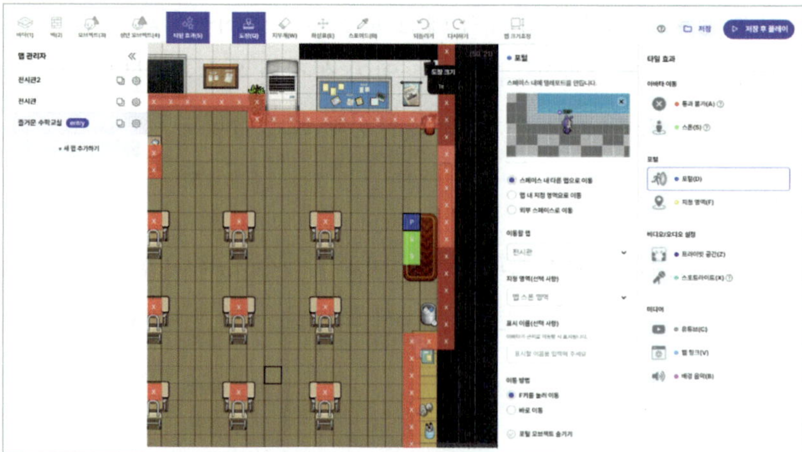

[그림 2-5-18] 타일 효과 포털로 공간 연결

포털의 [지정 영역] 설정에서 위에서 만든 [지정 영역 이름]을 선택합니다.

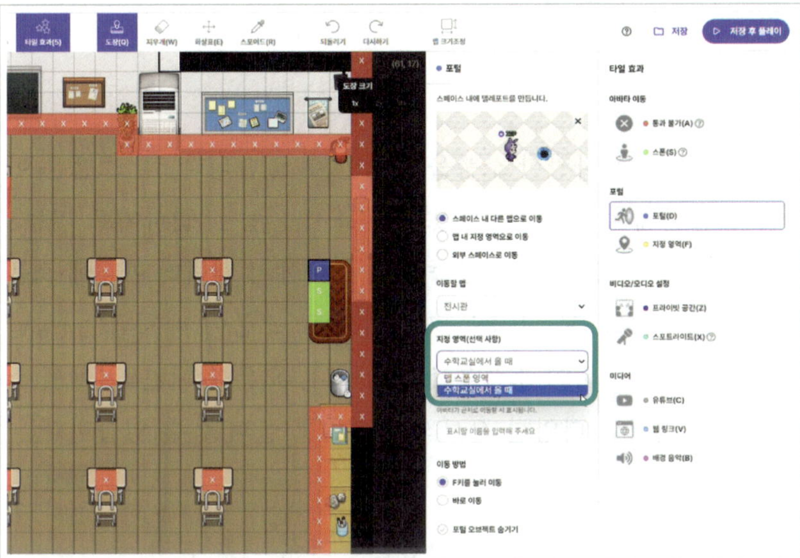

[그림 2-5-19] 타일 효과 지정 영역 설정

[저장 후 플레이] 바튼을 선택하여 포털이 잘 작동하는지 확인합니다.

그 밖에 타일 효과로는 모둠활동에서 사용할 수 있는 비공개 토론 영역을 설정하는 '프라이빗 공간', 맵 전체 지역에 자신의 화상과 채팅이 공개되는 타일을 지정하는 '스포트라이트', 유튜브 화면을 맵 내에서 볼 수 있도록 지정하는 '유튜브', 다른 웹사이트로 연동할 수 있는 '웹 링크', 타일에 배경음악을 삽입할 수 있는 '배경 음악' 등이 있습니다.

6 오브젝트 설정하기

스페이스 안에 다양한 소품을 설정할 수 있습니다. 각 소품은 아바타가 공간에서 활용할 수 있도록 '표시 기능', '웹사이트 기능', '팝업 기능' 등을 설정할 수 있습니다. 툴바에서 캐릭터 아래에 소품이 배치되는 [오브젝트] 또는 캐릭터 위로 소품이 배치되는 [상단 오브젝트]를 클릭하여 소품을 설정합니다. 오른쪽 패널의 [에셋 스토어]를 클릭하면 다양한 오브젝트 테마를 살펴볼 수 있습니다.

- 툴바에서 [오브젝트] 또는 [상단 오브젝트]를 클릭
- 원하는 디자인의 소품을 클릭하여 공간에 배치
- 배치한 오브젝트의 설정 아이콘 클릭
- 각 목적에 맞게 설정

① 오브젝트 설정하기

오브젝트 설정에는 표시 기능, 웹사이트 기능, 팝업 기능으로 크게 3가지 기능이 있습니다.

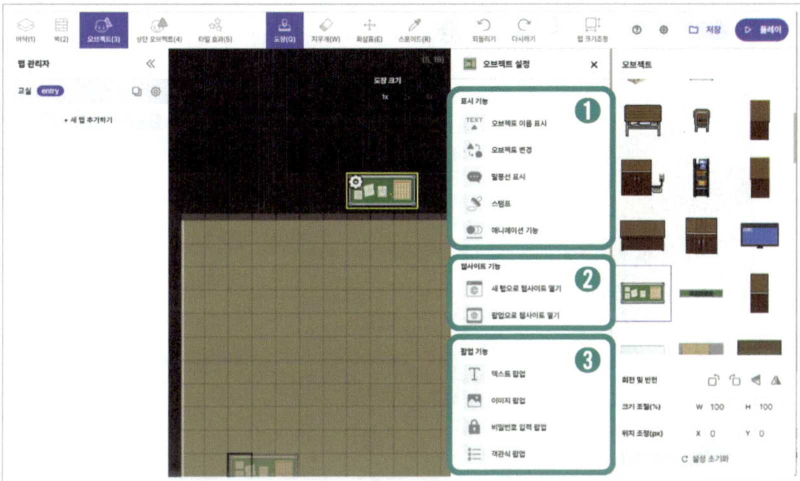

[그림 2-6-1] 오브젝트 설정 기능 소개

❶ 표시 기능: 아바타가 가까이 왔을 때 오브젝트 이름이 표시되는 기능

❷ 웹사이트 기능: 연결하려는 웹사이트 주소를 입력하여 오브젝트를 실행하면 새 탭으로 열거나 팝업으로 열 수 있는 기능

❸ 팝업 기능: 텍스트, 이미지, 비밀번호 입력, 객관식 등 오브젝트를 실행하면 팝업되는 기능

② AI NPC 설정하기

오브젝트 설정에서 AI NPC를 통해 ChatGPT 기반 대화형 챗봇 AI를 설정할 수 있습니다.

[그림 2-6-2] AI NPC

오브젝트 설정에서 NPC 이름, NPC 설명, 인사말 창의성 등을 입력할 수 있습니다. 창의성은 기본 설정 0.7로 되어있으며 0에 가까울수록 질문에 대한 명확한 답, 1에 가까울수록 다양한 문장을 만들어 냅니다.

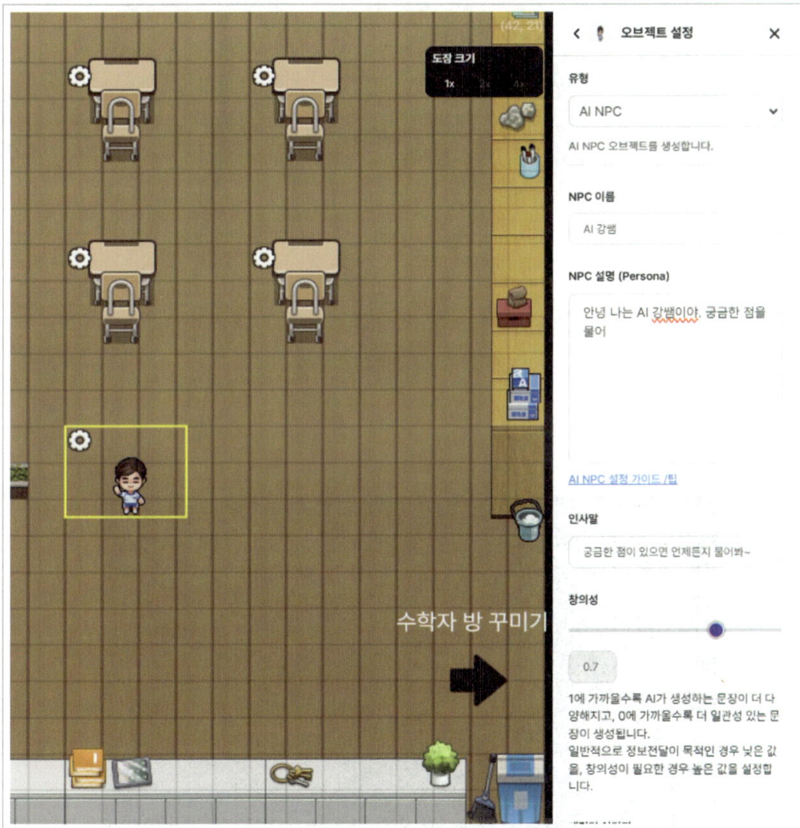

[그림 2-6-3] AI NPC 설정

만들어진 AI NPC 옆에 가서 F키를 눌러 실행을 하게 되면 ChatGPT 기반 대화형 챗봇이 생성됩니다. 이를 통해 학생들은 궁금한 내용을 물어보고 해결할 수 있습니다.

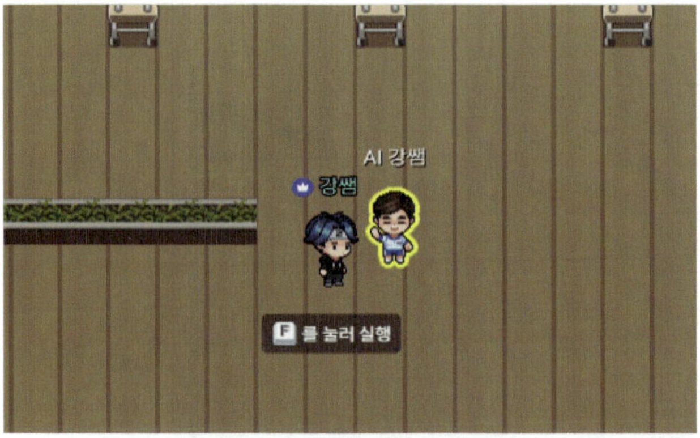

[그림 2-6-4] AI NPC 모습

[그림 2-6-5] AI NPC 대화창

예를 들어, 질문자가 '피타고라스가 뭔가요?'라는 질문을 했을 경우, 창의성을 0으로 설정한 경우와 1로 설정한 경우의 AI NPC의 답변은 각각 아래와 같습니다.

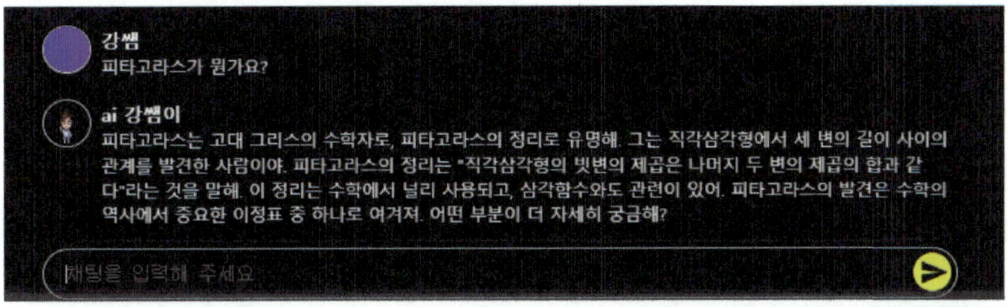

[그림 2-6-6] 창의성을 0으로 설정한 경우의 답변

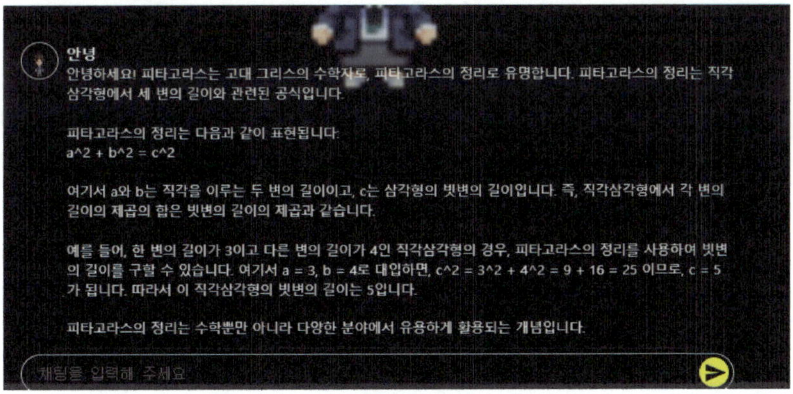

[그림 2-6-7] 창의성을 1로 설정한 경우의 답변

CHAPTER III

젭(ZEP)을 활용한 수학 수업

1. 메타버스 수업 안내하기
2. 새 학기 수학 수업 로드맵 안내하기
3. 자기주도학습 〈매쓰 플레이 타운〉
4. 퀴즈룸으로 학습 평가하기
5. 모둠 수행과제 〈수학자의 방 만들기〉
6. 진로 연계 프로젝트 〈나의 드림 스페이스〉
7. 단원 마무리 〈방탈출 게임〉

본 장에서는 Ⅱ장에서 구축한 메타버스 교실을 활용한 수학 수업의 사례들을 소개하겠습니다. 메타버스에 대한 기본적인 이해를 바탕으로 학습자 중심의 다양한 수학 수업을 만나봅시다.

1 메타버스 수업 안내하기

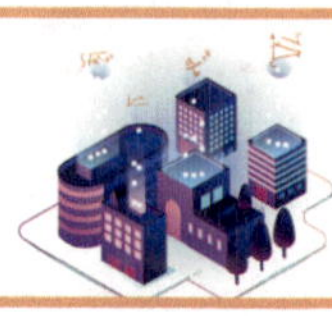

'메타버스 수업 안내하기'는 메타버스 수업을 본격적으로 시작하기 전에 그 기본 개념, 디지털 윤리, 그리고 메타버스 플랫폼 젭의 기본 기능을 익히는 것을 목표로 합니다. 이 활동은 개념 학습, 주제 탐구, 체험의 세 단계로 구성할 수 있으며, 개념 학습 단계에서 메타버스의 가능성과 아바타의 어원에 대해 학습한 후, 디지털 윤리와 관련된 주제를 탐구하고, 젭에서의 체험 활동을 통해 젭의 기본 기능들을 익혀 봅니다. 이 과정은 총 1차시 분량입니다.

차시	단계	내용	활동
1차시	개념 학습	• 메타버스 개념 이해하기	– 메타버스와 아바타의 개념 학습
	주제 탐구	• 메타버스와 디지털 윤리 탐구하기	– 즐겁고 안전한 메타버스 체험을 위한 안전교육
	체험	• 메타버스 플랫폼 젭 체험하기	– 메타버스 플랫폼 젭 체험을 통한 메타버스 학습 준비

1.1 | 메타버스 개념 이해를 위한 수업 사례

❖ **학습 주제**: 메타버스 속으로의 첫걸음

❖ **대상**: 전학년

❖ **학습 목표**

▸ 메타버스와 아바타 개념을 이해할 수 있다.

▸ 메타버스 환경에서의 디지털 시민권과 윤리에 대해 이해할 수 있다.

▸ 메타버스 플랫폼 젭 사용법을 익힐 수 있다.

❖ **수업의 흐름**

개념 학습	주제 탐구	활동	공유 및 성찰
메타버스 개념 이해	메타버스와 디지털 윤리	메타버스 플랫폼 젭 체험	토의 및 평가

❖ **참고 자료**

▸ 활동지 QR

▸ 부산광역시교육청 디지털 시민성 교육자료

1 개념 학습

▸ 메타버스의 특징

- 메타버스는 모든 사람이 나이나 성별, 직업이나 환경의 제약 없이 상상할 수 있는 공간이면서, 단순히 콘텐츠를 소비하는 것이 아닌 나만의 이야기를 만들 수 있도록 도구를 제공하는 공간, 창작물을 타인과 공유하고 즐길 수 있는 열린 공간이라는 특징을 가지고 있습니다.

활동 1 현실에서는 시간과 공간의 제약으로 인해 할 수 없지만, 메타버스에서 체험해보고 싶은 활동에 대해 상상해 봅시다.[1)]

활동1 현실에서는 시간과 공간의 제약으로 인해 할 수 없지만, 메타버스에서 체험해보고 싶은 활동에 대해 상상해 봅시다.

예시
멸종된 동물과의 만남!
공룡이나 도도새와 같은 멸종된 생물들을 메타버스 전시관에서 만나고 관찰해 볼 수 있습니다. 이는 생물학적으로 멸종 위기에 처한 다른 동물들에 대한 인식을 높이는 데에도 도움이 될 수 있습니다.

▲ 도도새의 모습을 구현한 상상도
사진 출처: 비즈니스 인사이더 홈페이지 캡처

[그림 3-1-1] 메타버스 개념학습 활동지 예시 1

1) QR로 활동지 확인 가능, 부록에서도 확인할 수 있음.

▸ 아바타의 개념

– 아바타의 어원과 의미에 대해 설명하고 메타버스 속에서 나를 대리하는 아바타의 모습에 대해 생각해 보도록 합니다.

활동 2 메타버스 속에서 나를 대리하는 아바타를 어떻게 설정하고 싶은지 그림으로 표현해 보고, 아바타가 어떤 활동을 대리해 줄 수 있을지 생각해 봅시다.[2)]

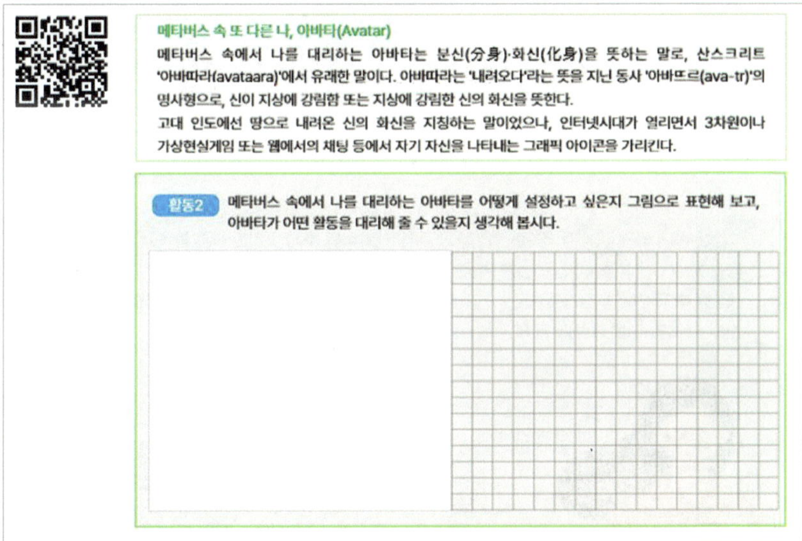
메타버스 속 또 다른 나, 아바타(Avatar)

메타버스 속에서 나를 대리하는 아바타는 분신(分身)·화신(化身)을 뜻하는 말로, 산스크리트 '아바따라(avataara)'에서 유래한 말이다. 아바따라는 '내려오다'라는 뜻을 지닌 동사 '아바뜨르(ava-tr)'의 명사형으로, 신이 지상에 강림함 또는 지상에 강림한 신의 화신을 뜻한다.
고대 인도에선 땅으로 내려온 신의 화신을 지칭하는 말이었으나, 인터넷시대가 열리면서 3차원이나 가상현실게임 또는 웹에서의 채팅 등에서 자기 자신을 나타내는 그래픽 아이콘을 가리킨다.

활동2 메타버스 속에서 나를 대리하는 아바타를 어떻게 설정하고 싶은지 그림으로 표현해 보고, 아바타가 어떤 활동을 대리해 줄 수 있을지 생각해 봅시다.

[그림 3-1-2] 메타버스 개념학습 활동지 예시 2

2) QR로 활동지 확인 가능, 부록에서도 확인할 수 있음.

2 메타버스와 디지털 윤리

즐겁고 안전한 메타버스 사용을 위해서 메타버스 성범죄, 개인 정보 유출과 허위 정보, 과다 사용과 중독, 저작권 침해 등의 문제에 대해서 알고 있어야 합니다.

활동 3 메타버스 중독 문제에 대해 생각해 보고 해결방안에 대해 함께 이야기해 봅시다.

[그림 3-1-3] 출처: 디지털 시민성 교육자료(부산광역시교육청, 2022)

활동 4 메타버스에서 발생하는 성범죄 문제에 대해 생각해 보고 해결방안에 대해 함께 이야기해 봅시다.

[그림 3-1-4] 출처: 디지털 시민성 교육자료(부산광역시교육청, 2022)

3 메타버스 플랫폼 젭 체험하기

젭에 구축한 메타버스 교실로 학생들을 초대하여 간단한 미니게임으로 메타버스 사용법을 익히고 메타버스 플랫폼을 체험할 수 있도록 합니다.

① 초대하기

초대하기 기능을 활용하여 앞에서 구축한 메타버스 수학교실로 학생들을 초대합니다. 화면 오른쪽 상단에 [초대하기]를 클릭한 후 [초대 정보 복사]를 선택합니다. 수학교실에 입장한 후에는 자신의 아바타와 닉네임을 꾸미도록 안내합니다.

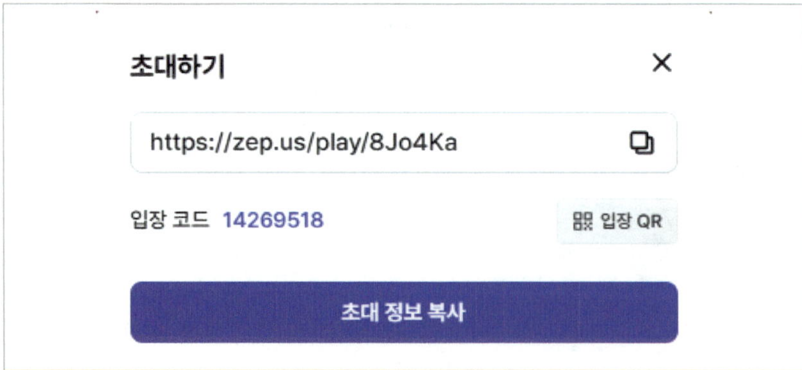

[그림 3-1-5] 초대 정보 복사

② 미니게임

왼쪽 사이드바에서 미니게임을 클릭하면 다양한 게임 목록을 확인할 수 있습니다. 학생들과 흥미롭게 즐길 수 있는 '복싱게임', '똥 피하기', '페인트맨', '좀비 게임'과 수업에서 활용할 수 있는 '초성 퀴즈', '퀴즈! 골든벨', 'OX 퀴즈' 등의 미니게임 중에서 하나를 선택하여 게임과 함께 플랫폼 사용법을 익힐 수 있도록 합니다. 게임을 선택하면, 아바타 위치에 게임 블록이 생성되며, 게임이 실행됩니다.

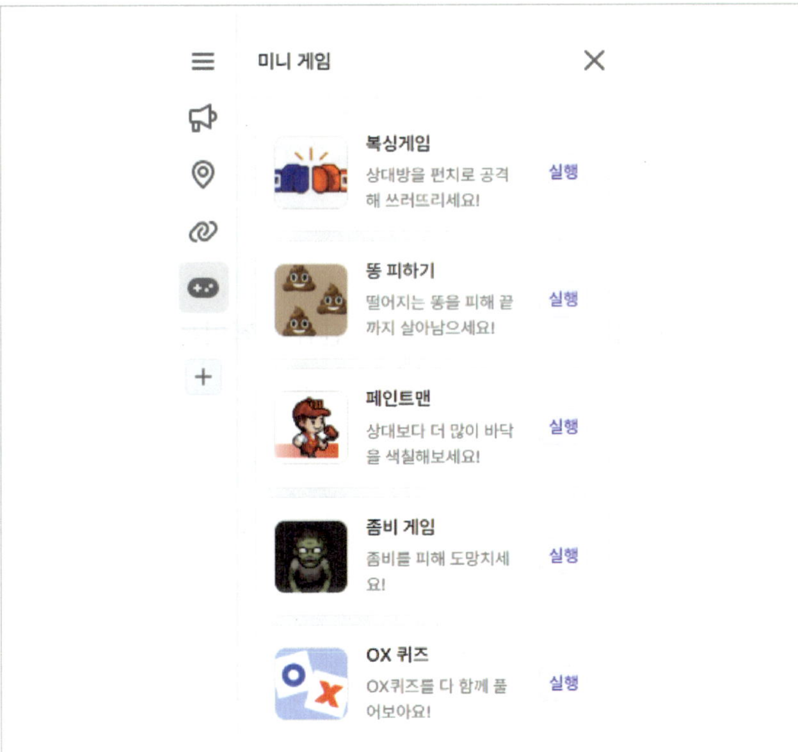

[그림 3-1-6] 미니게임 창

4 공유 및 성찰하기

① 토론: 메타버스가 미래에 어떤 변화를 가져올 수 있는지에 대한 서로의 의견들을 공유해 봅시다.

② 성찰: 메타버스 체험 활동 후 느낀점을 적어봅시다.

2 새 학기 수학 수업 로드맵 안내하기

새 학기 수학 수업 로드맵은 단원 학습 목표, 수행평가 계획 등을 미리 안내해 학생들이 새 학기를 미리 준비할 수 있도록 할 수 있습니다. Ⅱ장에서 구축한 수학 교실을 활용하여 새 학기 수업 첫 시간에 사용할 수 있는 내용을 소개합니다.

Ⅱ장에서 구축한 수학 교실의 '전시관'을 활용하여 앞으로 배울 내용들을 전시물 오브젝트로 만드는 과정과, 수업 및 학생 활동의 사례를 설명하겠습니다. 학습 로드맵 안내하기 활동은 수업 첫 시간에 활용하는 1차시 분량의 수업으로 구상했습니다.

차시	단계	내용	활동
1차시	체험	• 메타버스 공간 체험	– 새 학기 로드맵으로 구성된 메타버스 공간 체험
	전시	• 학습계획 세우기	– 학습계획을 세우고 메타버스 공간에 전시

중학교 2학년 1학기를 예로 들어, (1) 배울 내용을 소개하는 자료를 준비하고, (2) 준비한 자료를 오브젝트로 만들어 설치하여 아바타가 설치한 오브젝트에 다가와서 살펴볼 때 준비한 자료에 대한 설명이 실행되도록 구상합니다.

2.1 | 수업 준비하기

1 로드맵 업로드 자료 준비하기

① 업로드 할 새 학기 로드맵 자료를 준비합니다. 여기서는 예시로 중학교 2학년 1학기 수업에서 소개할 단원 및 학습 목표와 수학 개념에 대한 자료를 준비하였습니다.

단원	학습 목표
유리수와 순환소수	• 순환소수의 뜻을 알고, 유리수와 순환소수의 관계를 이해한다.
식의 계산	• 지수법칙을 이해한다. • 다항식의 덧셈과 뺄셈의 원리를 이해하고, 그 계산을 할 수 있다. • '(단항식)×(다항식)', '(다항식)÷(단항식)'과 같은 곱셈과 나눗셈의 원리를 이해하고, 그 계산을 할 수 있다.
일차부등식과 연립일차방정식	• 부등식과 그 해의 의미를 알고, 부등식의 성질을 이해한다. • 일차부등식을 풀 수 있고, 이를 활용하여 문제를 해결할 수 있다. • 미지수가 2개인 연립일차방정식을 풀 수 있고, 이를 활용하여 문제를 해결할 수 있다.
일차함수와 그래프	• 함수의 개념을 이해한다. • 일차함수의 의미를 이해하고, 그 그래프를 그릴 수 있다. • 일차함수의 그래프의 성질을 이해하고, 이를 활용하여 문제를 해결할 수 있다. • 일차함수와 미지수가 2개인 일차방정식의 관계를 이해한다. • 두 일차함수의 그래프와 연립일차방정식의 관계를 이해한다.

〈표 3-2-1〉 새 학기 학습 목표_예시(중학교 2학년 1학기)

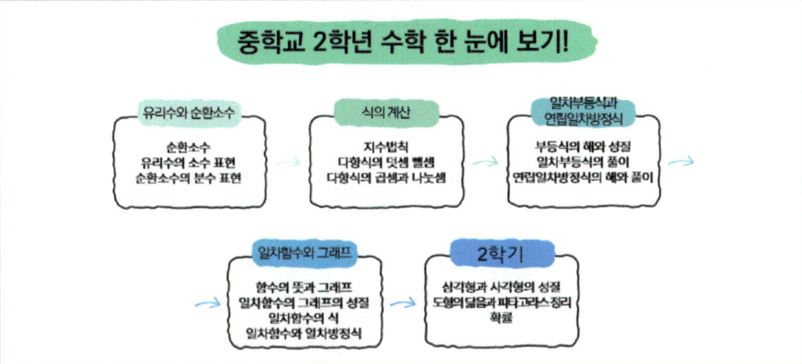

[그림 3-2-1] 학생에게 제시할 한 학기 학습 내용 개요

※ 사진 자료를 준비할 때, 크게 두 가지로 분류해 준비합니다. 젭의 '오브젝트'로 들어갈 사진과 아바타가 특정 오브젝트에 다가가 실행했을 때 팝업으로 나오는 사진으로 분류합니다. 즉, 아바타가 전시관에서 전시된 '그림'으로 준비할 사진과, 그림에 다가가서 실행했을 때 나타나는 그림에 대한 '설명'으로 쓸 사진으로 분류합니다.

※ 젭의 '오브젝트'로 추가될 사진, 즉, 전시관에서 전시된 '그림'은 용량이 3MB이내, JPG, PNG, WebP, GIF 확장자를 사용한 1024×1024px 이하여야 합니다.

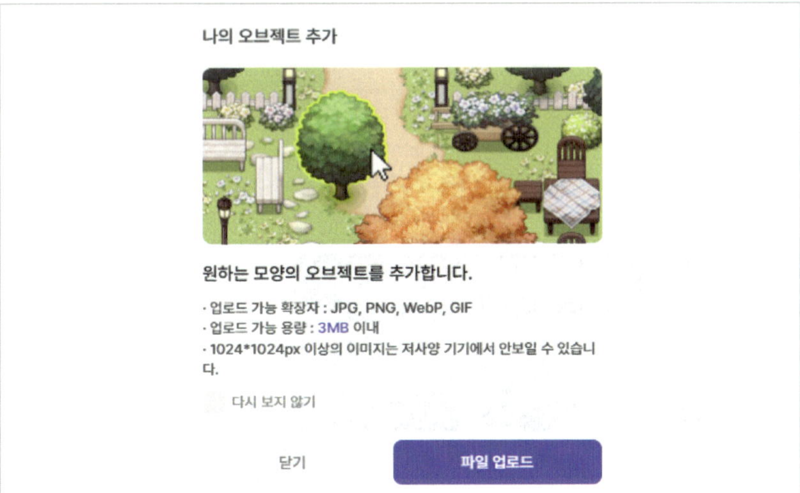

[그림 3-2-2] 업로드 가능한 오브젝트 기준

② 전시관을 꾸밀 때 필요한 오브젝트들을 '에셋 스토어'에서 다운로드 받아 준비합니다.

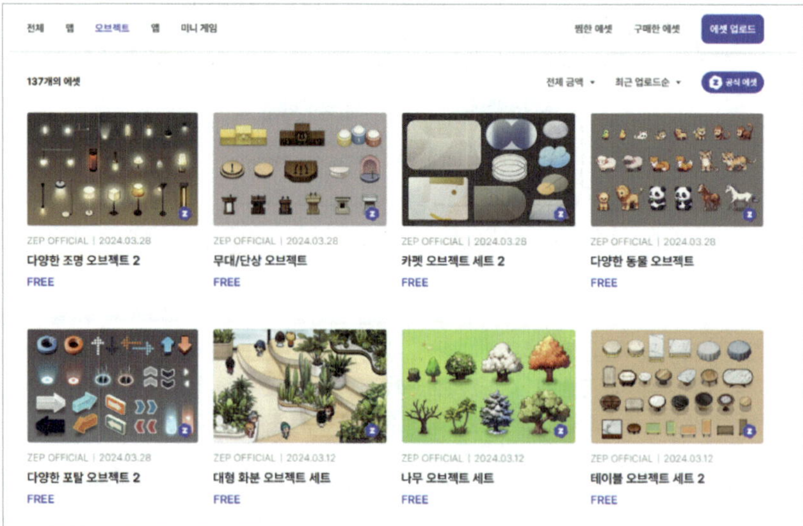

[그림 3-2-3] 에셋스토어의 오브젝트

※ 맵 에디터에서 에셋스토어로 바로 가려면 [오브젝트]를 클릭합니다. 오른쪽에 장바구니 아이콘의 [에셋스토어]를 클릭합니다.

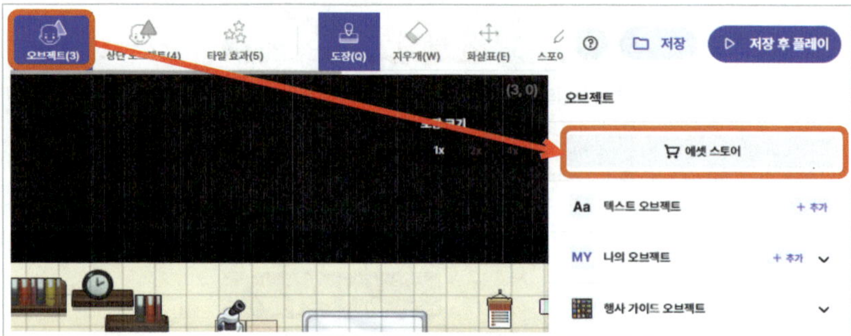

[그림 3-2-4] 맵 에디터에서 에셋스토어 가기

2 자료 업로드 하기

① **맵 에디터 접속**: Ⅱ장에서 구축한 수학교실 공간에 접속하여 '맵 에디터'를 클릭합니다.

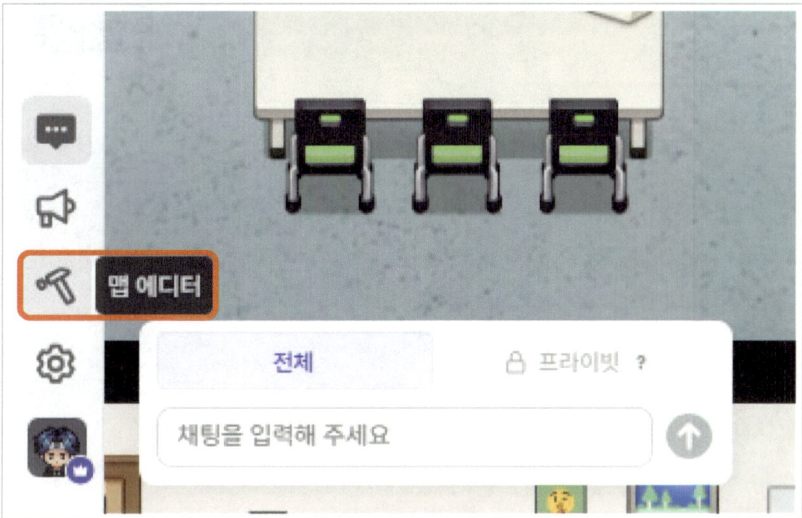

[그림 3-2-5] 맵 에디터

② **전시관 맵 관리자 선택하기**: 맵 관리자에서 '전시관'을 선택한 후, 상단 툴바에서 [오브젝트]를 선택합니다.

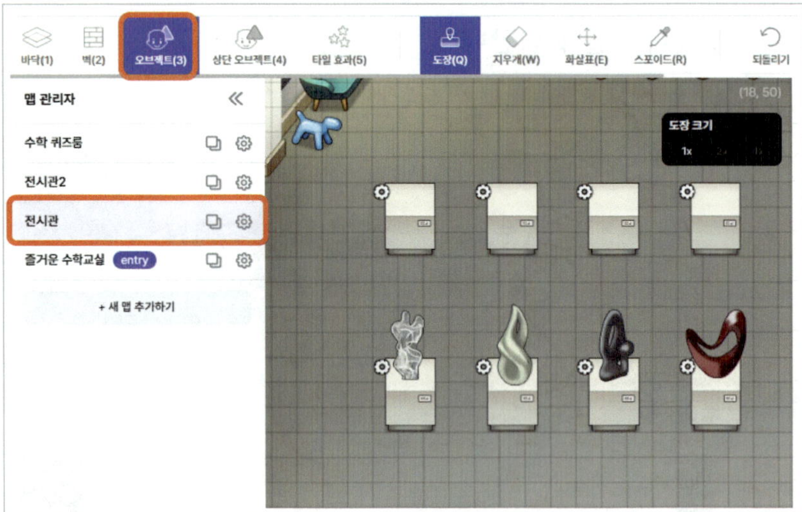

[그림 3-2-6] 전시관 맵 관리자 선택하기

③ **나의 오브젝트 추가하기**: 전시관의 '전시 그림'으로 쓸 미리 준비한 사진 자료를 나의 오브젝트에서 [+추가]를 클릭하여 업로드합니다. 나의 오브젝트에 새로운 오브젝트가 설치된 것을 볼 수 있습니다.

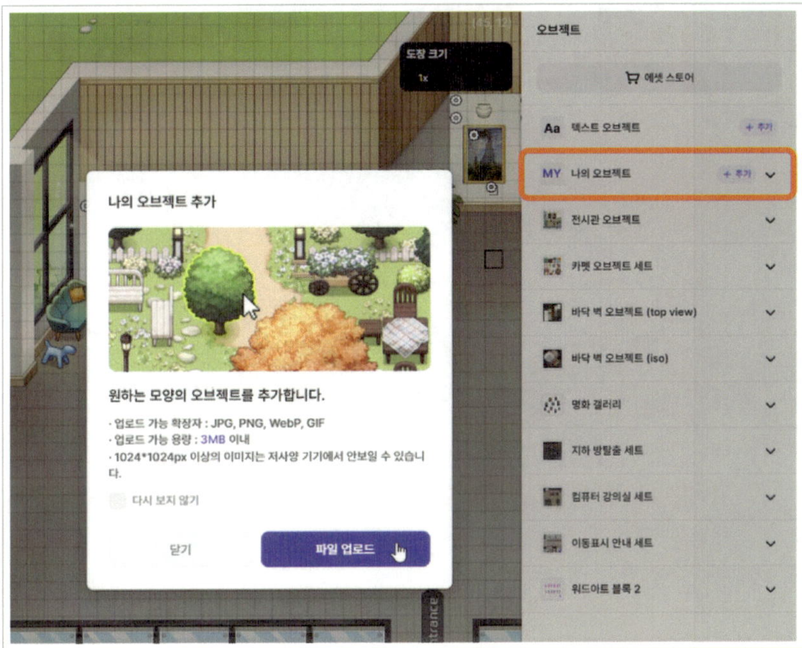

[그림 3-2-7] 나의 오브젝트에서 [+추가] 클릭 시 팝업 화면

④ **오브젝트 설치하기**: 업로드한 그림을 빈 액자에 맞게 크기를 조절하고 위치를 조정하여 오브젝트를 설치합니다.

[그림 3-2-8] 액자에 맞게 오브젝트의 크기 및 위치를 조정한 모습

마찬가지로 액자에 걸릴 수학 개념 그림 자료들을 나의 오브젝트에서 [+추가]를 클릭하여 업로드한 후, 업로드한 그림을 선택하여 빈 액자에 맞게 크기를 조절하고 위치를 조정하여 오브젝트를 설치합니다.

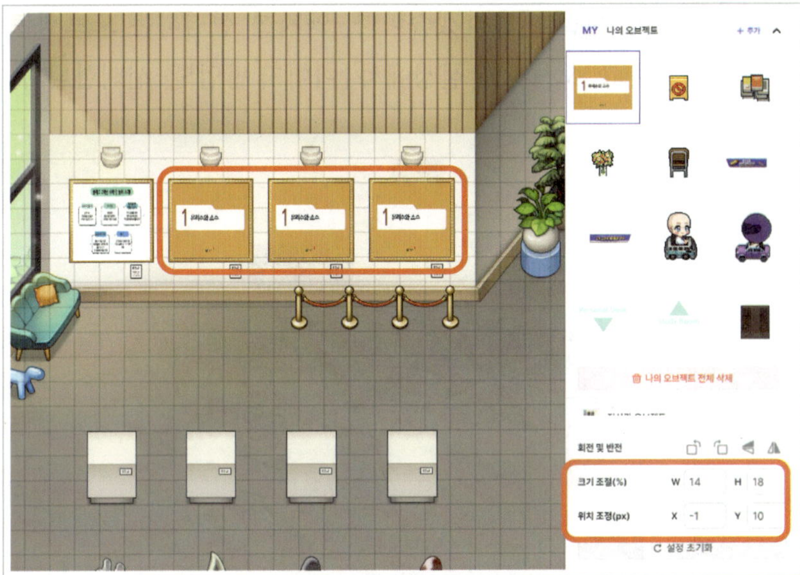

[그림 3-2-9] 액자에 맞게 오브젝트의 크기 및 위치 조정한 모습

아바타가 전시관의 그림에 다가갔을 때, 수학 개념에 대한 설명이 나타나도록 '오브젝트 설정'을 아래와 같이 합니다.

⑤ **이미지 팝업 설정하기**: 아바타가 전시관의 그림에 가까이 다가갔을 때, '그림' 형태로 설명이 나타나도록 오브젝트 설정에서 '이미지 팝업'을 이용하겠습니다. 액자를 설명하는 오브젝트를 클릭하고, 오브젝트 설정에서 [이미지 팝업]을 선택합니다.

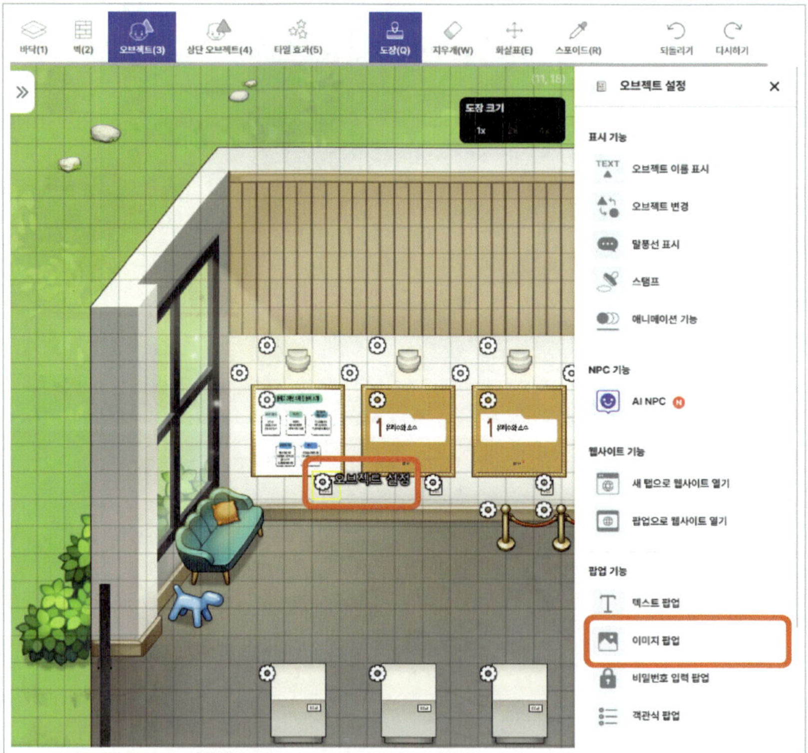

[그림 3-2-10] 오브젝트 설정에서 이미지 팝업 선택

⑥ **실행 방법 설정하기**: 이미지 파일에서 [파일 선택]을 클릭해 액자에 넣을 수학 개념 사진을 선택하고, 실행 범위를 1로 설정한 후, 실행 방법을 [F키를 눌러 실행]으로 설정합니다.

[그림 3-2-11] 이미지 팝업 실행 방법 설정

※ 실행 범위는 해당 오브젝트를 기준으로 그 범위만큼 아바타가 다가왔을 때, 오브젝트가 활성화되는 범위입니다. 실행 방법은 아바타가 오브젝트에 다가왔을 때, 바로 활성화할 수 있게 할지, 'F키'를 눌러야 실행할 수 있게 할지를 결정합니다. 다른 오브젝트들이 한꺼번에 활성화되지 않도록 [F키를 눌러 실행]으로 설정하였습니다.

⑦ **텍스트 팝업 설정하기**: 아바타가 전시관의 그림에 가까이 다가갔을 때, '글자' 형태로 설명이 나타나도록 오브젝트 설정에서 '텍스트 팝업'을 이용해 보겠습니다. 액자를 설명하는 오브젝트를 클릭하고, 오브젝트 설정에서 [텍스트 팝업]을 선택합니다.

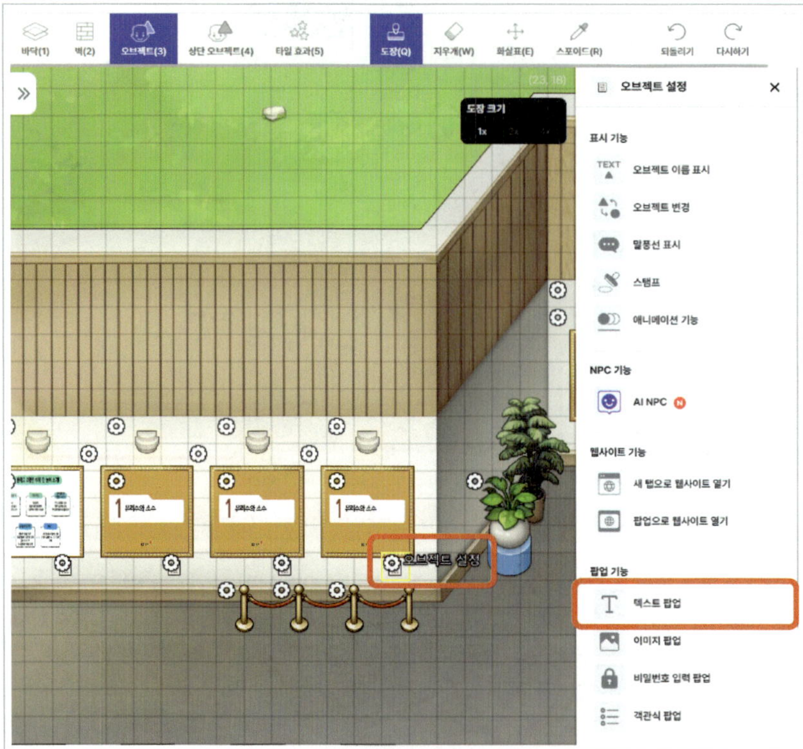

[그림 3-2-12] 오브젝트 설정에서 텍스트 팝업 선택

⑧ **실행 방법 설정하기**: 아바타가 그림에 가까이 다가갔을 때, 어떤 오브젝트인지 알 수 있도록 '1. 유리수와 소수 학습 목표'를 이름으로 설정하고, 텍스트에 해당 학습 목표를 작성하고 실행 범위를 2로 설정한 후, 실행 방법을 [F키를 눌러 실행]으로 설정합니다.

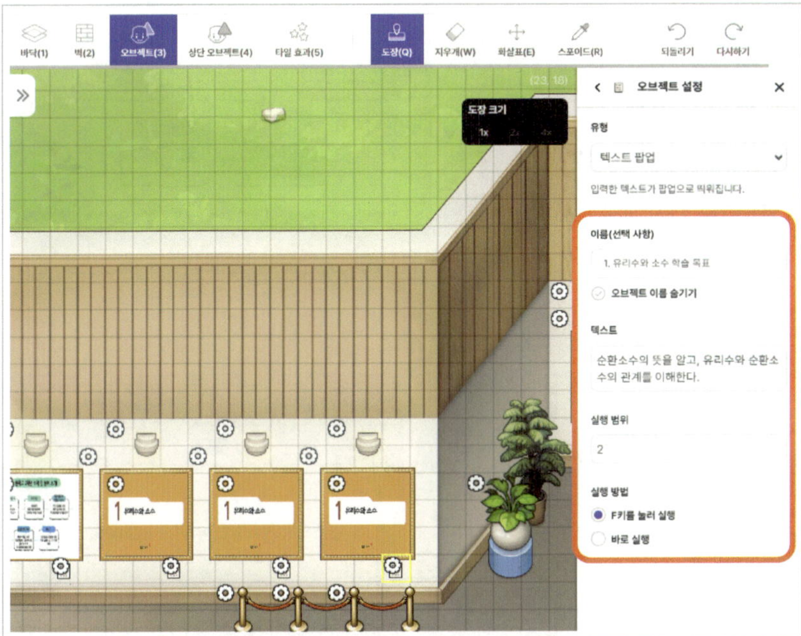

[그림 3-2-13] 텍스트 팝업 실행 방법 설정

※ 이름을 설정하면 아바타가 해당 오브젝트에 다가왔을 때, 설정한 이름이 나타납니다. 설정한 오브젝트의 앞에 아바타의 접근을 제한하는 다른 오브젝트가 이미 있다면 실행 범위를 2로 두어 아바타가 가까이 가지 않더라도 텍스트 팝업이 뜨도록 설정합니다.

⑨ **오브젝트 설정 확인하기**: ①부터 ④까지의 내용을 참고하여 준비한 개념 이미지와 학습 목표 등을 오브젝트 설정을 통해 업로드한 후, [저장 후 플레이]를 선택하여 오브젝트가 잘 실행되는지 확인합니다.

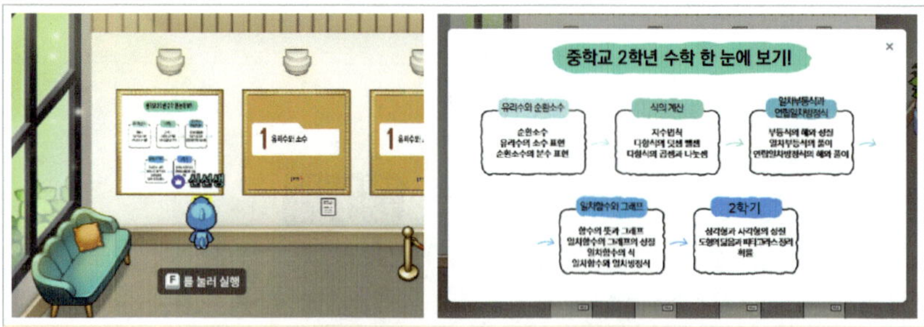

[그림 3-2-14] 오브젝트가 실행되는지 확인(이미지 팝업)

[그림 3-2-15] 오브젝트가 실행되는지 확인(텍스트 팝업)

Tip!

① **기존 오브젝트 복사하기**: 기존의 오브젝트를 선택한 후, 다른 곳을 클릭하면 선택한 오브젝트가 복사됩니다. 이 기능을 활용하여 공간을 꾸밀 수 있으며, 빈 액자에 기존 그림들을 똑같이 실을 수 있습니다. 먼저, 상단 툴바에서 [오브젝트], [도장]을 클릭한 후, 복사하고 싶은 오브젝트의 왼쪽 위 톱니바퀴 모양을 클릭합니다.

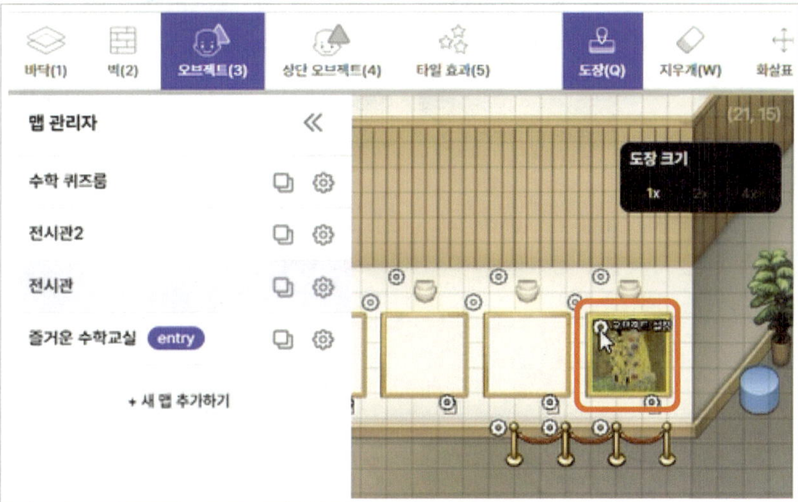

[그림 3-2-16] 오브젝트 설정 선택

❶ 복사하고 싶은 위치에 마우스 커서를 두면 오브젝트가 어느 위치에 설치될지 투명하게 나타납니다.

❷ 복사하고 싶은 위치를 클릭하면 오브젝트가 그 위치로 복사된 것을 확인할 수 있습니다.

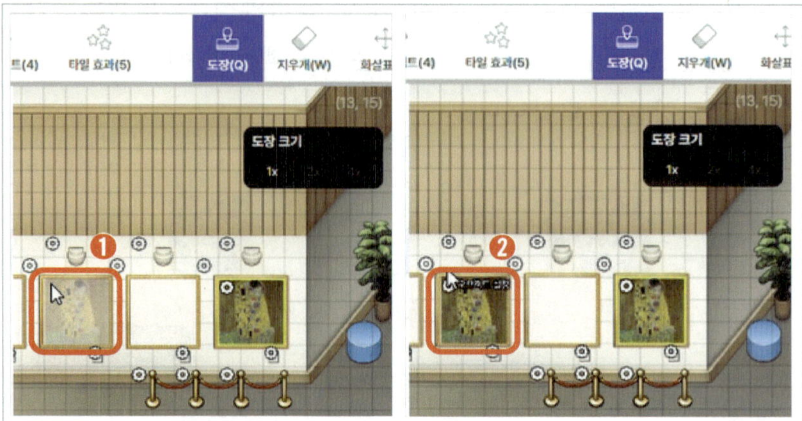

[그림 3-2-17] 오브젝트 복사

② **오브젝트 추가하기**: '에셋 스토어'에서 젭의 '공식 에셋' 중 하나인 '전시관 오브젝트'를 다운로드 받아 오브젝트를 추가 설치할 수 있습니다. 설치하고 싶은 오브젝트를 선택하고, 크기와 위치를 조절하여 다양한 오브젝트를 설치합니다.

[그림 3-2-18] 오브젝트의 크기 및 위치를 조정한 모습

2.2 | 새 학기 로드맵 수업 사례

❖ **학습 주제**: 새 학기 학습 로드맵

❖ **대상**: 중학교 2학년

❖ **학습 목표**

▸ 한 학기 동안 배울 주요 수학 개념과 단원의 구조를 파악할 수 있다.

▸ 디지털 도구와 기술을 사용할 수 있다.

▸ 스스로 자신의 학습계획을 수립하고 실천을 통해 주도성을 증진한다.

❖ **수업의 흐름**

수업 안내	전시관 탐색	활동	공유 및 성찰
메타버스 수학 교실에서 수업 안내	메타버스 전시관 탐색	한 학기 훑어보기 및 학습계획 수립	학습계획 공유 및 성찰

❖ **참고 자료**

▸ 활동지 QR

▸ 동아출판. 중학교 2학년 수학 교과서

1 수업 안내

▸ 전시관 초대하기

– 새학기 수학 수업 첫 시간에 앞에서 미리 만들어 둔 젭 공간을 학생들과 함께 체험합니다. 학생들이 메인 수학 교실에 입장할 수 있도록 '입장 코드'를 안내하거나 '초대 링크 복사'를 활용하여 링크를 안내합니다.

※ 여기서 예시로 제시한 공간의 주소는 https://zep.us/play/8Jo4Ka 입니다.

▸ 아바타 꾸미기

– 학생들이 입장하면, 자신의 프로필을 수정할 수 있도록 안내합니다. 학생들의 아바타 이름을 '실명 또는 별명'으로 설정, '상태명' 설정, '아바타 꾸미기' 등을 안내합니다.

▸ 수업 안내하기

– 한 학기 동안 배울 수학 내용들을 전시관에서 탐색하고 스스로 학습계획을 세워 반 친구들과 공유할 수 있도록 수업 목표를 안내합니다.

2 전시관 탐색

▸ 전시관 탐색하기

- 수학교실 공간을 자유롭게 탐색한 후에 포털을 이용하여 전시관으로 이동합니다. 전시관 공간에 대해 안내하고, 실제 전시관처럼 오브젝트를 살펴볼 수 있도록 합니다.

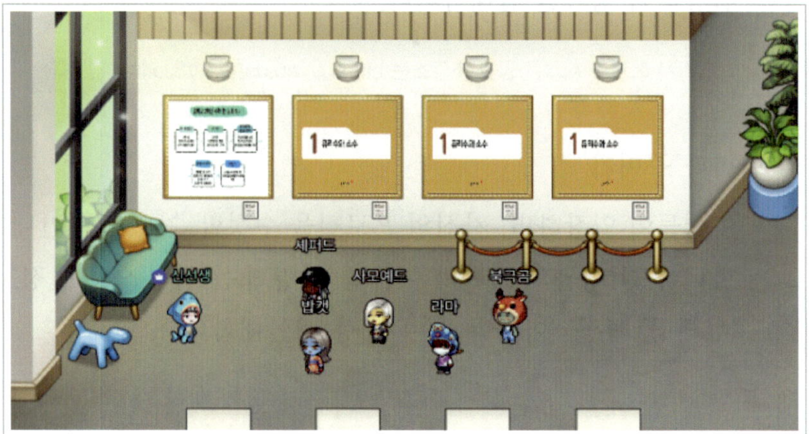

[그림 3-2-19] 학생 전시관 탐색 화면

3 활동

▸ 전시관 훑어보기

- 각 오브젝트에 담긴 학습 목표와 수학 개념, 수학 교실 규칙 등 미리 준비한 내용들에 대해 전시관을 돌아다니면서 설명합니다.
- 학생들이 오브젝트를 잘 살피고 있는지 메타버스 공간 및 교실에서 순회하며 점검합니다.

▸ 학습계획 수립하기

- 학생들이 전시관을 돌아볼 수 있도록 충분한 시간을 주고, 한 학기 동안 배우게 될 수학 개념들을 중심으로 활동지에 학습 계획을 세울 수 있도록 안내합니다.

4 공유 및 성찰

▸ 학습계획 공유하기

- 수립한 학습계획을 채팅창 하단에 있는 툴바에서 미디어 추가 아이콘을 클릭하여 공유할 수 있도록 안내합니다. 학습계획 내용을 사진 찍어 다음과 같이 공유할 수 있습니다.

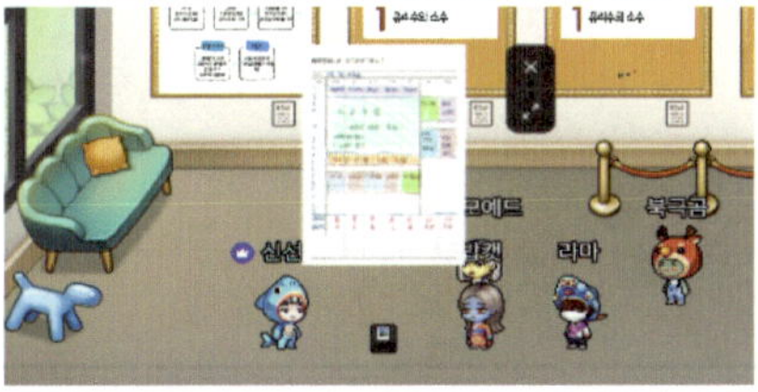

[그림 3-2-20] 학습계획 공유 예시

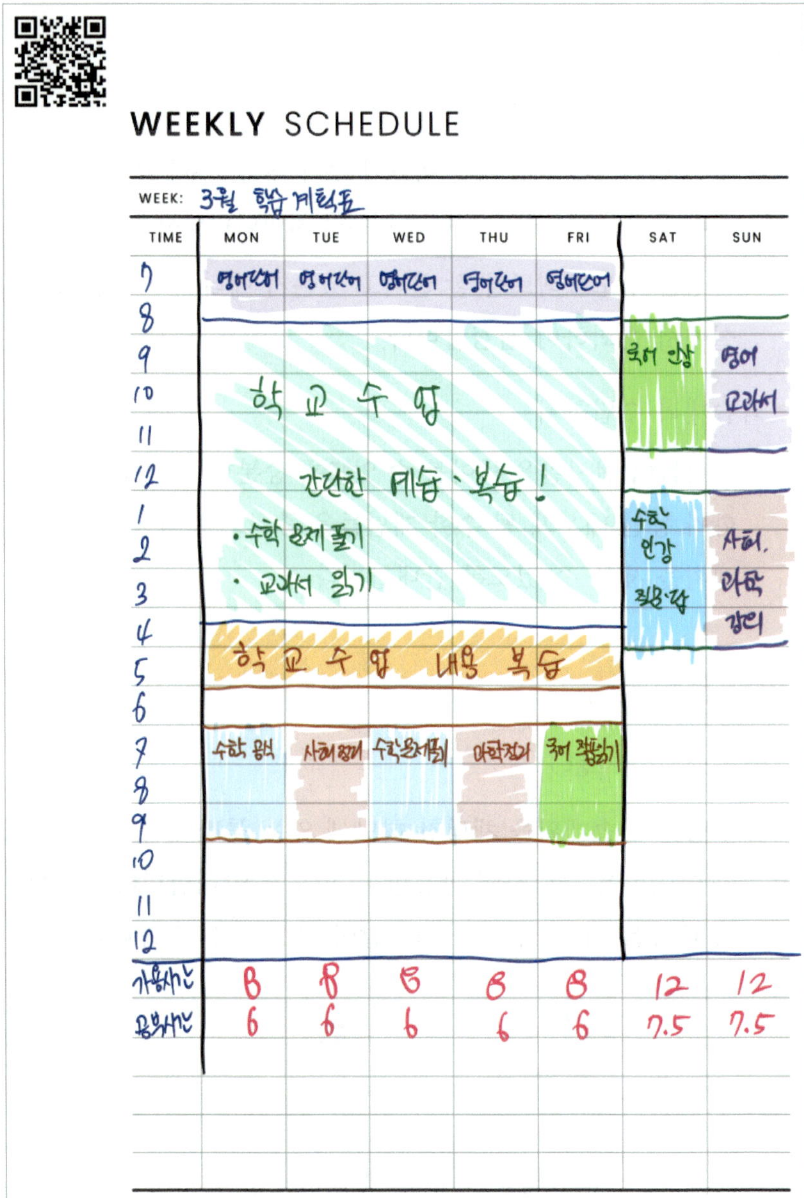

[그림 3-2-21] 학습 계획표 예시

3 자기주도학습 〈매쓰 플레이 타운〉

우리의 혁신적인 메타버스 수학 교실은 전통적인 교실 수업, 교과서에 의존한 학습, 그리고 고정된 시간에 진행되는 대면 교육 등 일반적인 교육 방식의 한계를 넘어선 새로운 차원의 수학 학습 경험을 제공합니다. 이러한 공간은 학생들이 시간이나 장소에 구애받지 않고 수학을 미리 학습하거나 복습할 수 있도록 하며, 개인 맞춤형 학습을 지원합니다.

[그림 3-3-1] 메타버스 교실 모습

여기서는 예시로 '매쓰 플레이 타운'을 생성하고 EBSMath가 제공하는 다양한 학습 자료들을 활용하여, 학생들이 수학의 세계를 더욱 흥미롭고 즐겁게 탐험할 수 있는 공간으로 조성하였습니다. 이 가상의 공간에서 학생들은 게임, 퍼즐, 인터랙티브 도전 과제를 통해 수학 개념을 자연스럽게 습득하며, 언제 어디서나 자유롭게 학습할 수 있는 유연한 환경을 제공받게 됩니다.

EBSMath가 제공하는 흥미로운 학습 자료가 매쓰 플레이 타운의 거리와 건물에 통합되어, 학생들이 수학을 단순한 과목으로 보지 않고, 삶의 일부로서 즐길 수 있게 만들 계획입니다. 이렇게 함으로써, 우리는 학생들이 수학에 대한 긍정적인 태도를 형성하고, 지속가능한 학습 습관을 개발할 수 있는 기반을 마련하고자 합니다.

[그림 3-3-2] 젭에서 제공하는 플레이 타운 공간

3.1 | 수업 준비하기

1 학습 자료 준비하기

① EBSMath 홈페이지(https://www.ebsmath.co.kr/)에 접속합니다.

② 메뉴에서 해당 학교급과 학습 단원을 선택하여 '매쓰 플레이 타운'에 탑재할 학습 자료들을 검토합니다. EBSMath는 영상, 문제, 웹툰, 게임, 수학지식카드 총 5가지 유형의 콘텐츠를 제공하고 있습니다.

여기서는 예시로 고등학교 수학의 지수함수와 로그함수 단원의 동영상 자료를 다운로드 하겠습니다.

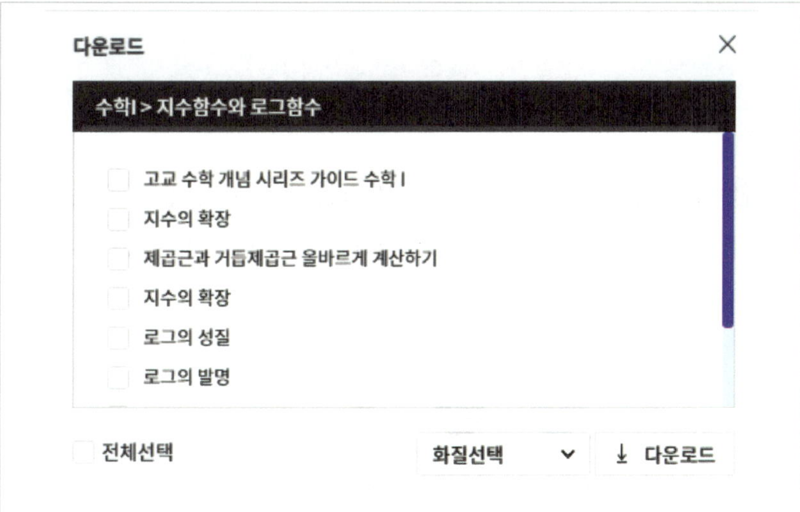

[그림 3-3-3] EBSMath 동영상 자료 다운로드

한 학기 동안 진행될 수업 내용에 맞는 학습 자료들를 선정하여 다운로드 하고 유형별로 분류하여 매쓰 플레이 타운 공간에 탑재할 준비를 합니다.

학습 영상을 다운로드하지 않고 동영상 URL 링크 공유 서비스를 이용하여 '매쓰 플레이 타운'에서 학습 자료를 학생들이 시청하도록 할 수도 있습니다. 업로드할 영상의 공유하기 아이콘을 클릭해 동영상 URL을 복사하여 젭의 동영상 임베드 기능을 활용합니다.

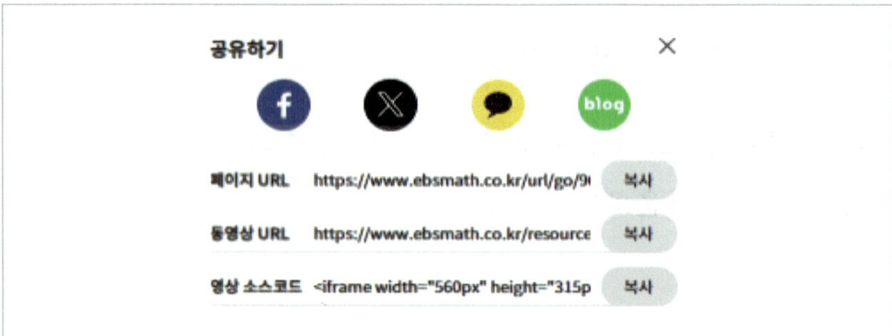

[그림 3-3-4] EBSMath 영상 공유 방법

또한 게임 콘텐츠는 다운로드 서비스를 제공하지 않기 때문에 공유하기 서비스를 이용하여 페이지 URL을 복사하여 이용합니다.

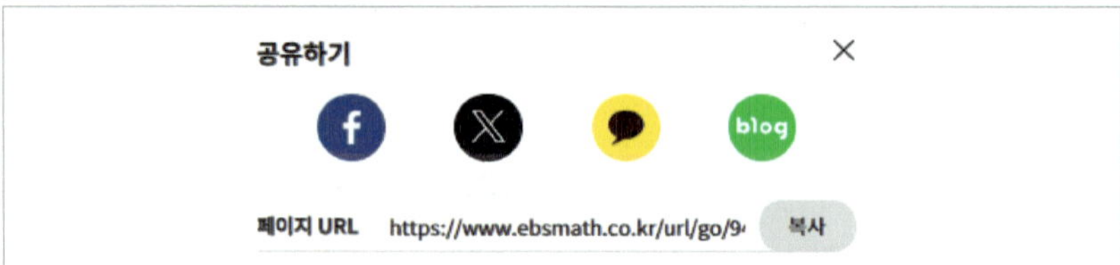

[그림 3-3-5] EBSMath 게임 공유 방법

2 매쓰 플레이 타운 만들기

① **맵 추가하기**: 수학 교실 왼쪽 메뉴의 [맵 에디터]를 선택하고 [+새 맵 추가하기]를 클릭하여 원하는 템플릿을 선택합니다. 여기서는 [행사]-[플레이 타운]을 선택하여 스페이스를 생성하겠습니다. 해당 템플릿은 맵 에디터에서 '오브젝트'를 활용하여 공지사항 안내, 웹사이트로 이동하기 등을 설정해 수업에 활용할 수 있습니다.

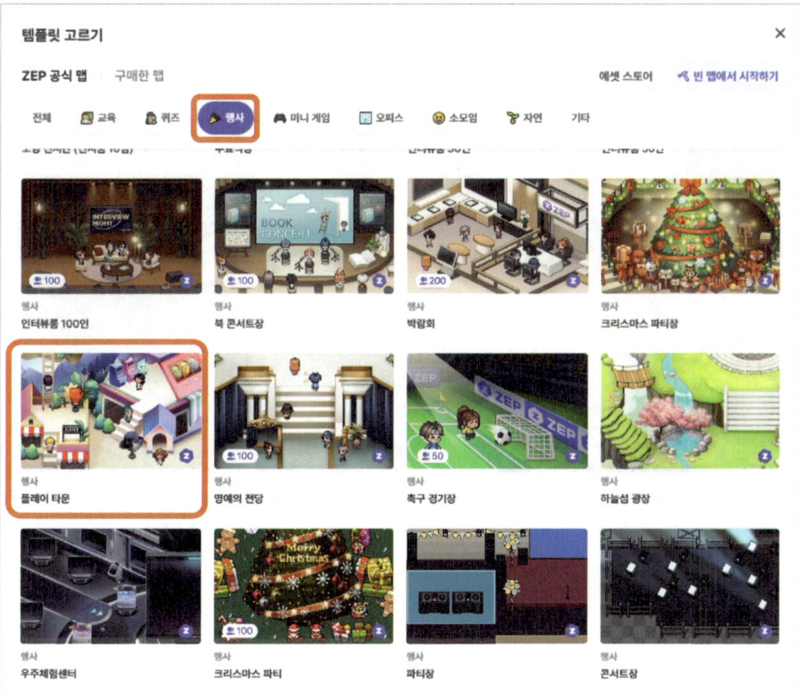

[그림 3-3-6] 플레이 타운 생성하기

② **맵의 이름 설정하기**: 맵의 이름을 입력하여 스페이스를 생성하고 생성된 맵을 확인합니다.

[그림 3-3-7] 플레이 타운 생성 모습

③ **이동 영역 설정하기**: 기존의 통과 불가 지역의 타일 효과를 삭제하고 새롭게 통과 불가 지역을 설정하여 아바타가 이동할 수 있는 영역을 확장합니다.

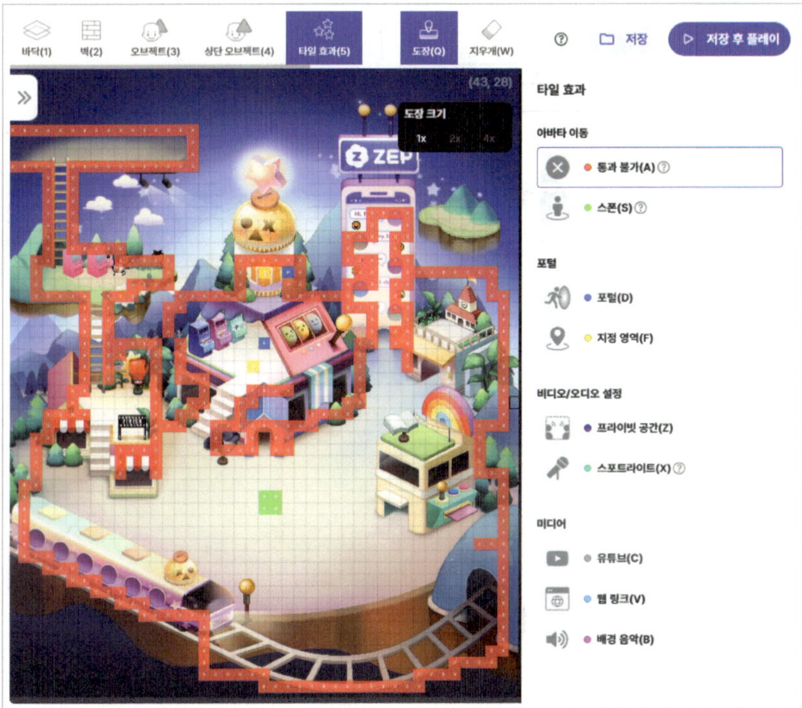

[그림 3-3-8] 통과 불가 지역을 확장한 모습

④ **학습자료 링크 복사하기**: 학습 영상의 웹 링크를 스페이스에 연결하기 위해 EBSMath에서 해당 영상의 공유하기 아이콘을 이용하여 동영상 URL을 복사합니다.

[그림 3-3-9] EBSMath에서 영상 공유하기

⑤ **학습자료 웹 링크 연결하기**: 타일에 학습 영상을 연결해 주는 포털을 설치합니다.

❶ 타일 효과 - 도장을 클릭하고 도장 크기를 선택한 다음 오른쪽 [타일 효과] - [웹 링크]를 선택합니다.

❷ 연결할 웹 URL에 준비한 학습 영상 URL을 붙여넣기 하고 어떤 형식(팝업으로 열기, 새 탭으로 열기, 고정 영역에 배치)으로 열 것인지 정합니다.

❸ 표시 이름에 학습 자료의 주제를 입력하고 이동 방법을 선택합니다.

❹ 설치할 위치에 마우스를 클릭하면 웹 링크를 나타내는 타일 효과 모양(E)이 나타납니다.

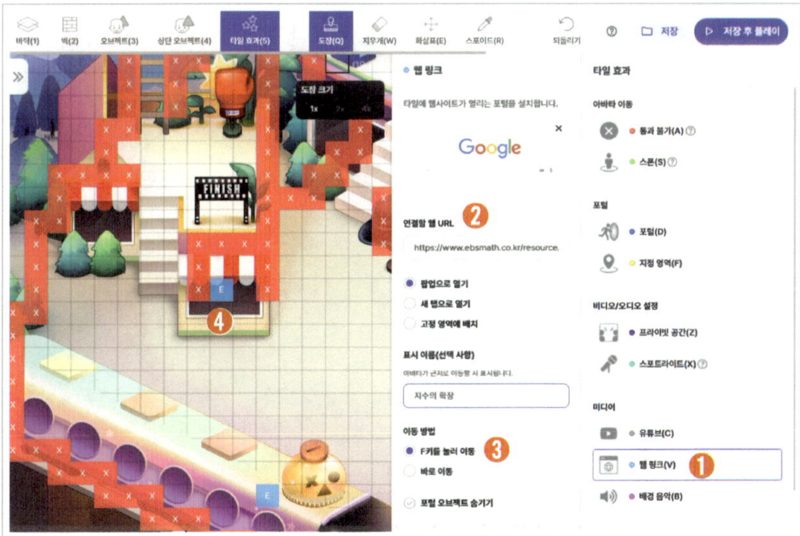

[그림 3-3-10] 학습 영상 웹 링크 연결하기

[저장 후 플레이]를 클릭하고 스페이스에 들어가면 웹 링크 포털이 보입니다.

[그림 3-3-11] 동영상 웹 링크 포털

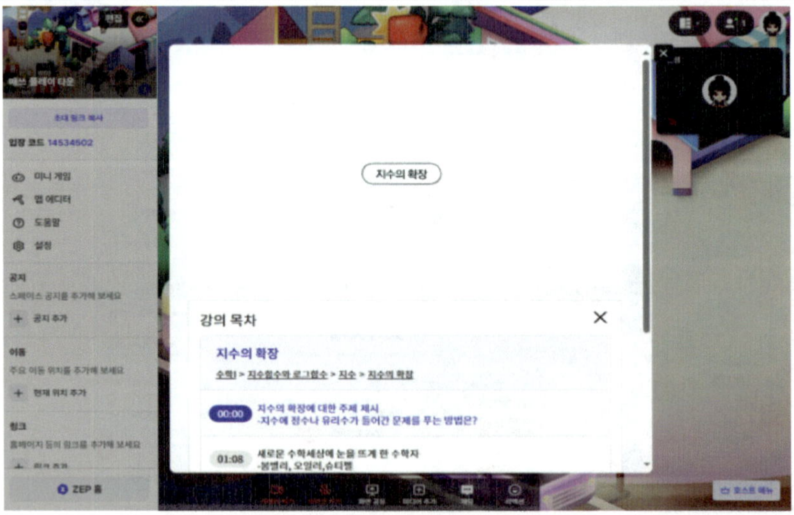

[그림 3-3-12] 학습 영상이 재생되는 모습

⑥ **학습 게임 링크 연결할 오브젝트 선택하기**: 학습 게임 링크를 연결해 줄 오브젝트를 선택합니다. 기본으로 제공하는 오브젝트 외에 에셋 스토어에서 무료로 제공하는 오브젝트를 다운로드 받아 오브젝트를 추가하여 사용할 수도 있습니다. [이벤트 용품 오브젝트]와 [오피스 사무용품 오브젝트]를 다운로드 받아 오브젝트를 추가합니다.

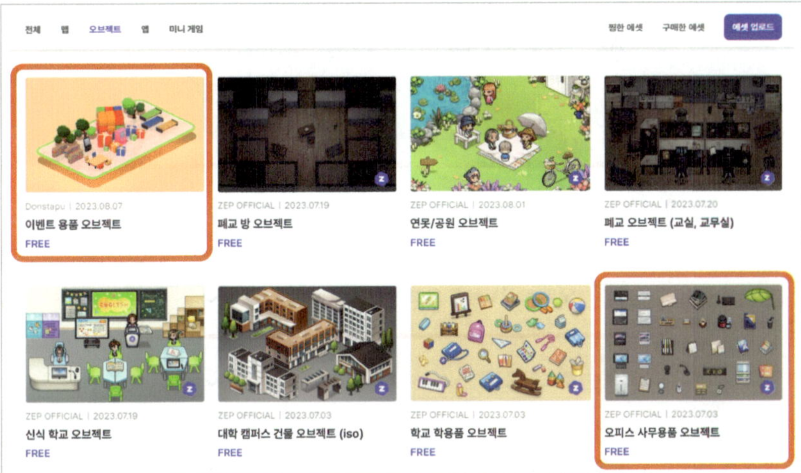

[그림 3-3-13] 에셋 스토어에서 무료로 제공하는
'이벤트 용품 오브젝트'와 '오피스 사무용품 오브젝트'

추가한 이벤트 용품 오브젝트와 오피스 사무용품 오브젝트는 맵 에디터에서 다음 그림과 같이 확인할 수 있습니다.

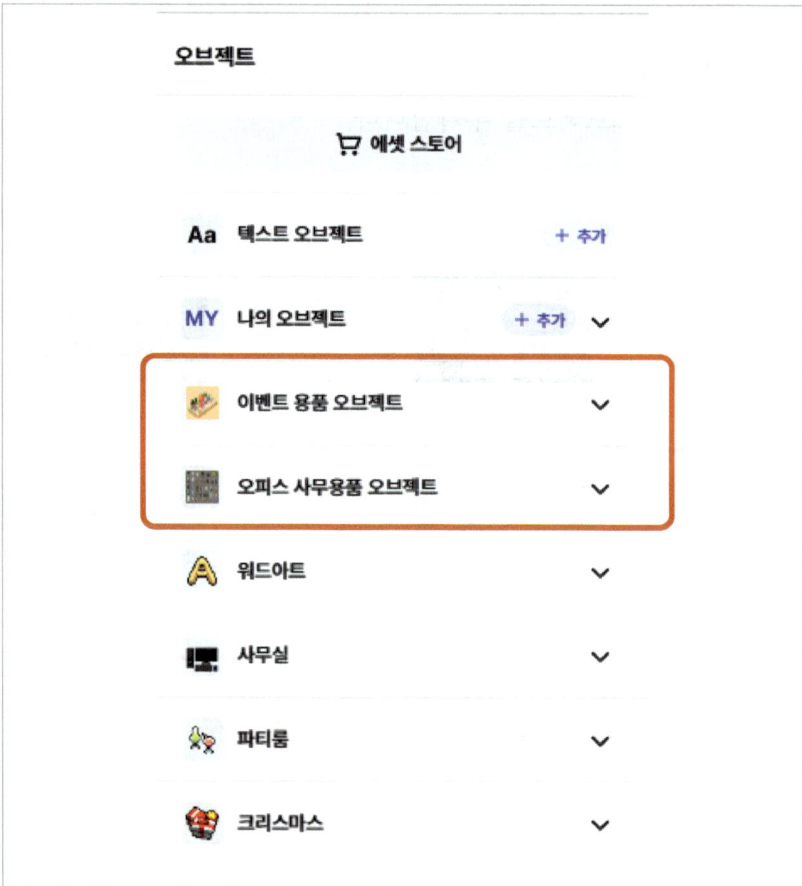

[그림 3-3-14] 오브젝트 추가한 모습

⑦ **학습 게임 링크 오브젝트 설치하기**: 이벤트 용품 오브젝트에서 오락기기를 적당한 위치에 설치합니다. [저장 후 플레이]를 클릭하면 오브젝트가 설치되어 있는 것을 확인할 수 있습니다.

[그림 3-3-15] 학습 게임 링크 오브젝트 설치하기

⑧ **학습 게임 링크 연결하기**: 설치된 오브젝트에 학습 게임 링크를 연결합니다. 맵 에디터 상단에서 오브젝트를 클릭하고 도장을 선택합니다. 오락기기 오브젝트를 두 번 클릭하면 오브젝트 설정 창이 나타납니다.

❶ 유형에서 '팝업으로 웹사이트 열기'를 선택하고 EBSMath의 게임 링크를 복사하여 ❷ 웹사이트 링크에 붙여넣기 합니다. ❸ 아바타가 다가가자마자 상호 작용이 될 수 있도록 실행 방법에서 바로 실행을 체크하고 저장합니다.

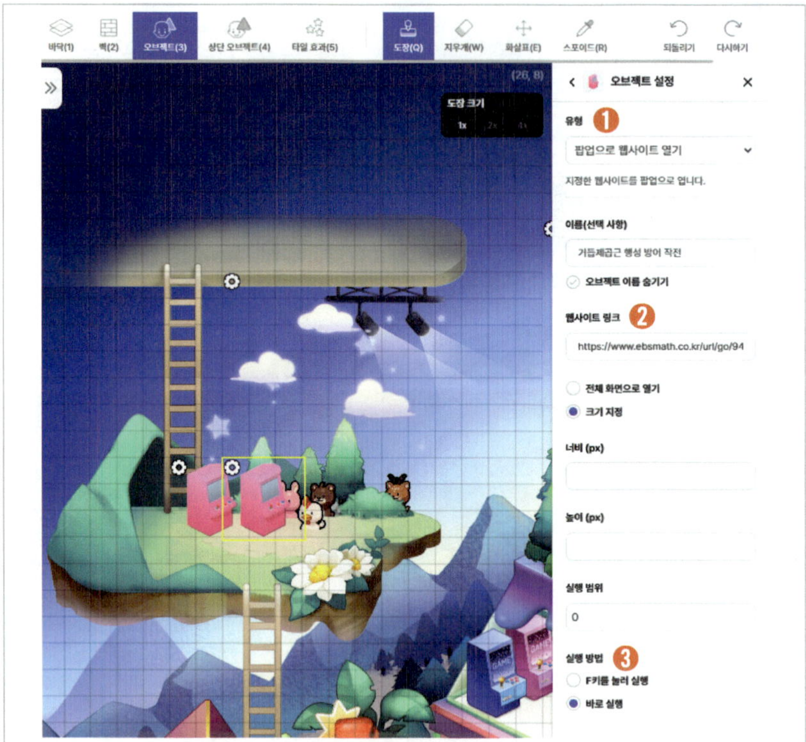

[그림 3-3-16] 오브젝트에 학습 게임 링크 연결하기

다음 그림처럼 아바타가 가까이 다가가면 학습 게임이 포털로 연동된 것을 확인할 수 있습니다.

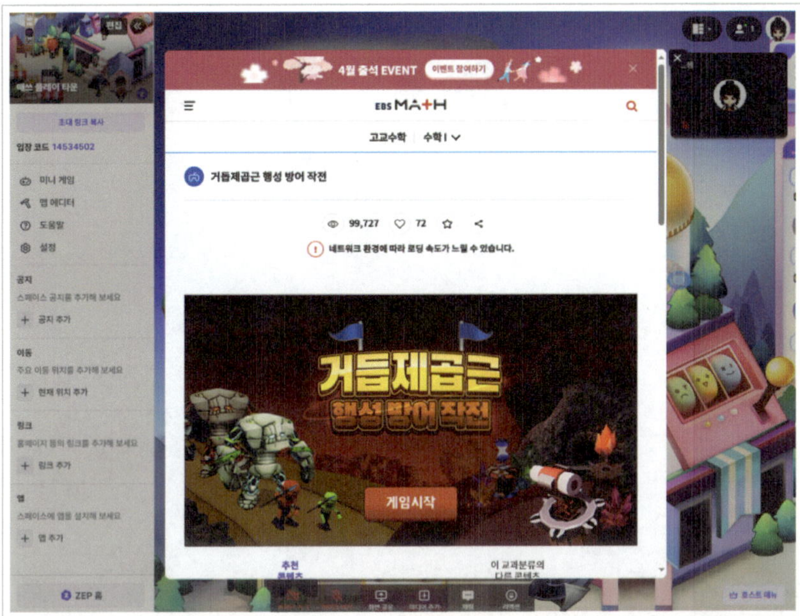

[그림 3-3-17] 학습 게임이 포털과 연동된 모습

⑨ **포털로 공간 연결하기**: 학습 자료를 모두 배치하고 포털을 이용하여 '매쓰 플레이 타운 스페이스'와 '수학 교실' 스페이스를 연결합니다.

[그림 3-3-18] 매쓰 플레이 타운에서 수학교실로 이동하는 포털

4 퀴즈룸으로 학습 평가하기

젭에서는 다양한 퀴즈 템플릿을 이용하여 학생들의 학습을 평가할 수 있습니다. 템플릿 중 '학교 퀴즈룸(10문제)' 템플릿은 학습 평가 문제를 객관식 퀴즈(4지 선다형) 형태로 업로드하여 간편하게 출제할 수 있습니다. 학생들은 시간제한 없이 자유롭게 문제를 풀며 학습 평가를 진행할 수 있습니다.

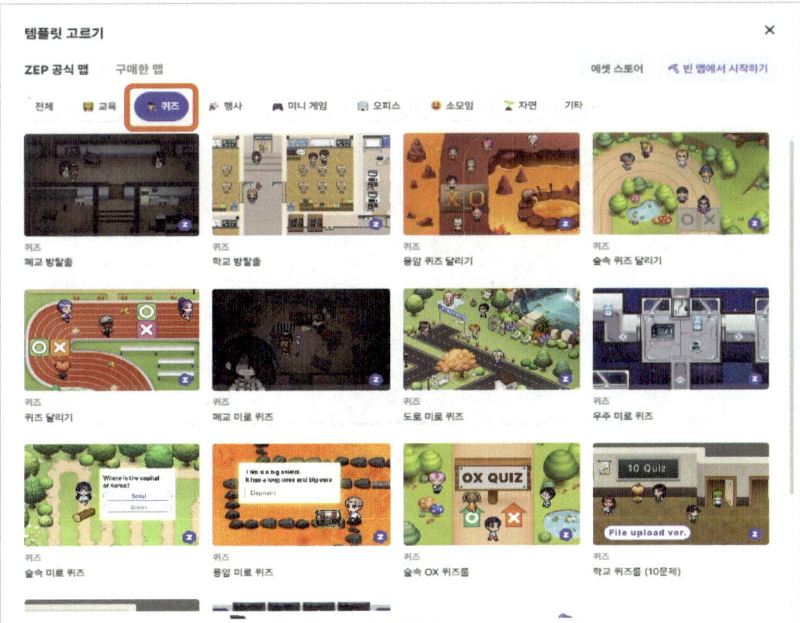

[그림 3-4-1] 퀴즈 템플릿 목록

공식 젭 퀴즈룸을 이용하여 사용자는 퀴즈룸을 먼저 체험할 수 있습니다.

※ 공식 젭 퀴즈룸 주소 https://zep.us/play/2bvnrj

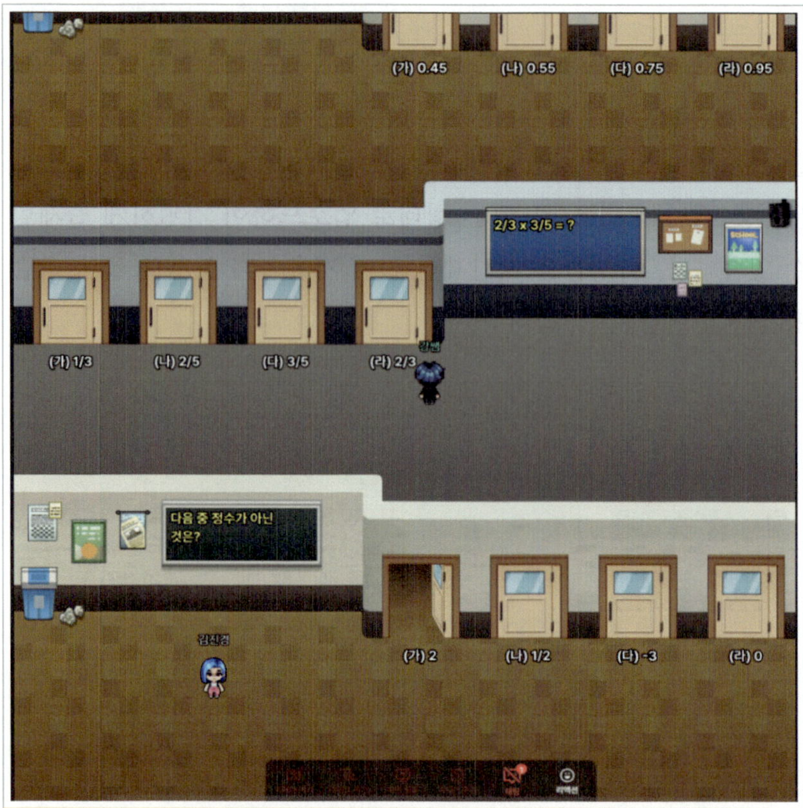

[그림 3-4-2] 공식 ZEP 퀴즈룸 체험하기

4.1 | 수업 준비하기

1 퀴즈룸 기본 기능

① **아바타 투명 기능**: 스폰 구역에서 문제 풀이 구역 앞으로 다가가면 아바타가 투명해집니다. 아바타가 투명해지면 학생들끼리 이동하는 걸 볼 수 없어 컨닝을 방지할 수 있습니다.

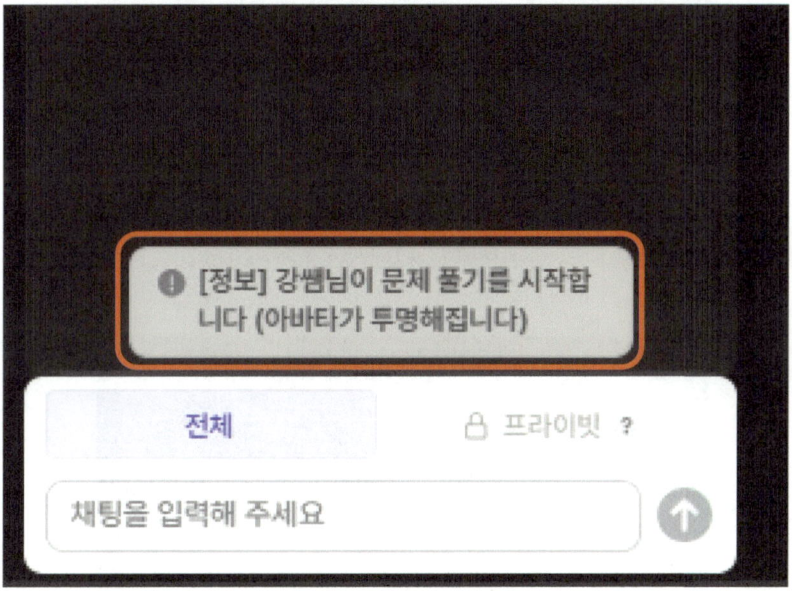

[그림 3-4-3] 아바타 투명 기능

② **정, 오답 표시**: 아바타가 문을 통과할 때 화면 위에 답 또는 오답 표시가 나오게 되며 실시간 점수가 표시됩니다.

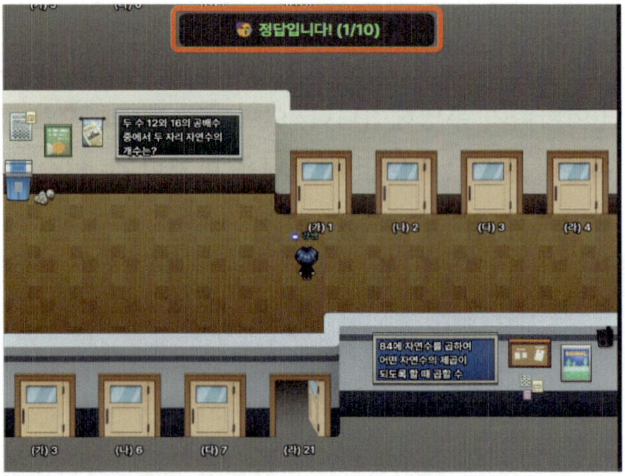

[그림 3-4-4] 퀴즈 정답 화면

[그림 3-4-5] 퀴즈 오답 화면

③ **퀴즈룸 점수 기록**: 마지막 문제를 풀고 나서 칠판 앞에 있는 공간에 올라가면 칠판에 전체 점수와 함께 문구가 나오게 됩니다. 점수에 따라 문구가 달라지며 0~1점은 Poor, 2~4점은 Fine, 5~6점은 Good, 7~9점은 Great, 10점은 Excellent가 표시됩니다. 또한, 아바타 이름 위에 해당 문구가 뜨는 것을 볼 수 있습니다.

[그림 3-4-6] 성적별 문구 종류

2 평가 문제 만들기

① **퀴즈 문제 업로드 기준 확인하기**: 퀴즈룸에 업로드할 자료를 준비합니다. 퀴즈는 4지선다 객관식 문제를 올릴 수 있으며, 템플릿에 맞는 문제의 개수를 준비해야 합니다. '학교 퀴즈룸(10문제)' 템플릿의 경우 11번째 이후 문제는 생성되지 않습니다.

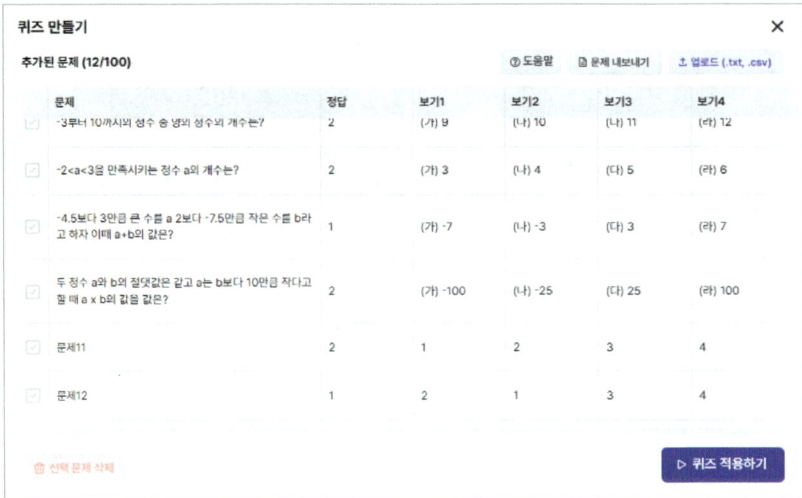

문제	정답	보기1	보기2	보기3	보기4
-3부터 10까지의 정수 중 양의 정수의 개수는?	2	(가) 9	(나) 10	(다) 11	(라) 12
-2<a<3을 만족시키는 정수 a의 개수는?	2	(가) 3	(나) 4	(다) 5	(라) 6
-4.5보다 3만큼 큰 수를 a 2보다 -7.5만큼 작은 수를 b라고 하자 이때 a+b의 값은?	1	(가) -7	(나) -3	(다) 3	(라) 7
두 정수 a와 b의 절댓값은 같고 a는 b보다 10만큼 작다고 할 때 a x b의 값을 값은?	2	(가) -100	(나) -25	(다) 25	(라) 100
문제11	2	1	2	3	4
문제12	1	2	1	3	4

[그림 3-4-7] 퀴즈 만들기 팝업

※ '학교 퀴즈룸(10문제)' 템플릿에서 11번, 12번 문제는 작성하더라도 퀴즈룸에서 생성되지 않습니다.

② **업로드 할 자료 텍스트 파일로 준비하기**: 퀴즈 문제는 텍스트(txt) 또는 엑셀(csv) 파일로 업로드할 수 있습니다. 텍스트 파일 업로드 양식은 '문제, 답, 객관식 선지1, 객관식 선지2, 객관식 선지3, 객관식 선지4'로 문제를 구성해야 하며 문제, 답, 선지 사이에는 반드시 쉼표가 있어야 합니다.

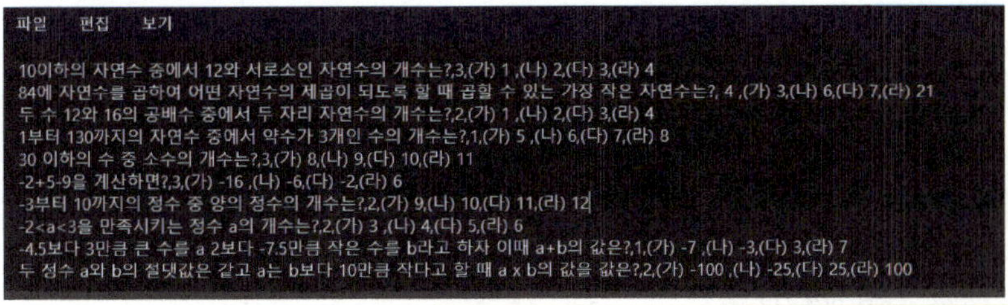

[그림 3-4-9] 퀴즈 업로드 txt 업로드 양식

※ txt 파일로 업로드할 때 문제에 쉼표가 있으면 업로드 시 오류가 발생합니다.

③ **업로드 할 자료 엑셀 파일로 준비하기**: 엑셀 파일 업로드 양식은 텍스트 파일과 마찬가지로 각 열에 '문제, 답, 객관식 선지1, 객관식 선지2, 객관식 선지3, 객관식 선지4'로 문제를 구성합니다.

※ 파일을 저장할 때 csv 파일로 저장해야 합니다.

	A ❶	B ❷	C ❸	D ❹	E ❺	F ❻	G
1	10이하의 자연수 중에서	3	1	2	3	4	
2	84에 자연수를 곱하여 어	4	3	6	7	21	
3	두 수 12와 16이— 공배	2	1	2	3	4	
4	1부터 130까지의 자연수	1	5	6	7	8	
5	30 이하의 수 중 소수의	3	8	9	10	11	
6	-2+5-9을 계산하면?,3,(ㄱ	3	-16	-6	-2	6	
7	-3부터 10까지의 정수 중	2	9	10	11	12	
8	-2<a<3을 만족시키는 정	2	3	4	5	6	
9	-4.5보다 3만큼 큰 수를 a	1	1	-7	-3	7	
10	두 정수 a와 b의 절댓값	2	-100	-25	25	100	
11							

[그림 3-4-10] 엑셀 파일 문제 구성 양식

❶ 문제 내용

❷ 정답 번호

❸ 객관식 선지 1

❹ 객관식 선지 2

❺ 객관식 선지 3

❻ 객관식 선지 4

④ **직접 퀴즈 문제 입력하기**: 텍스트 파일과 엑셀을 이용하지 않고 직접 문제를 입력할 수도 있습니다. 퀴즈 만들기에서 아래 [+] 버튼을 클릭하여 문제, 정답, 객관식 선지1, 객관식 선지2, 객관식 선지3, 객관식 선지4를 입력하여 문제를 생성할 수 있습니다.

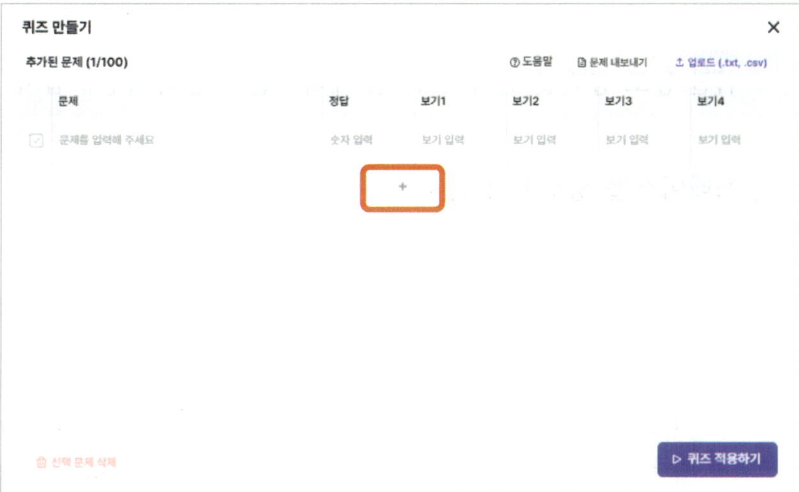

[그림 3-4-11] 퀴즈 만들기 구성 양식

3 퀴즈룸 공간 설계 및 구축

단원별 퀴즈룸과 각 퀴즈룸으로 들어갈 통로가 되어줄 공간을 생성합니다. 단원별 퀴즈룸으로 들어가기 위한 복도 공간을 먼저 만들고 각각의 퀴즈룸을 생성하겠습니다.

① **퀴즈룸 통로 템플릿 선택하기**: 단원별 퀴즈룸으로 들어가기 위한 통로 공간을 만듭니다. 맵 에디터를 이용하여 [새 맵 추가하기]-[템플릿 고르기]-[교육]-[시험장 복도]를 클릭하여 스페이스를 생성합니다.

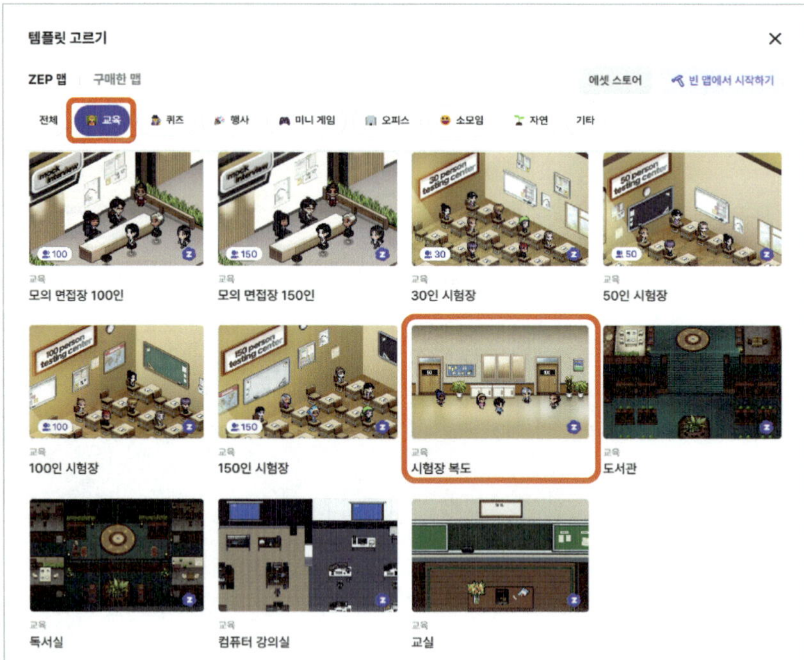

[그림 3-4-12] 시험장 복도 템플릿 선택

② **퀴즈룸 이름 만들기**: 시험장 복도 스페이스에서 맵에디터를 이용하여 교실 문에 각 퀴즈에 해당하는 단원을 명시해 학생들이 해당 단원의 퀴즈룸으로 찾아갈 수 있게 수정합니다.

[그림 3-4-13] 단원명으로 만든 퀴즈룸 이름

③ **포털로 공간 연결하기**: 메인 교실 구석에 퀴즈룸 통로로 이동할 수 있는 포털을 생성해 '메인 교실'과 '퀴즈룸 통로' 공간을 서로 연결해 줍니다.

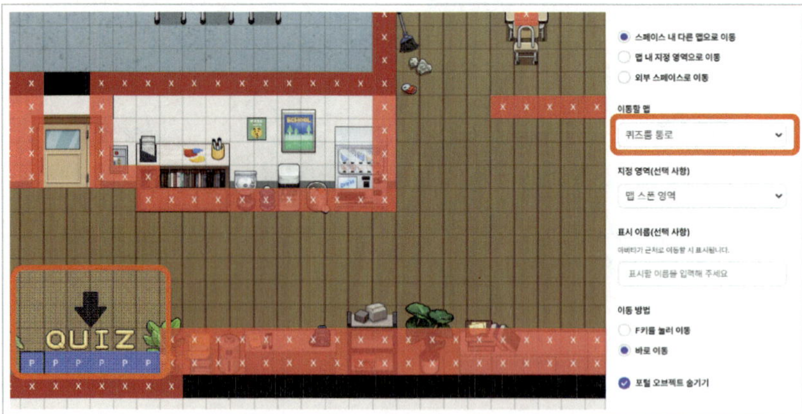

[그림 3-4-14] 포털로 공간 연결

④ **퀴즈룸 템플릿 선택하기**: 이제 퀴즈를 풀 수 있는 퀴즈룸 스페이스를 생성합니다. 맵 에디터에서 [새 맵 추가하기]-[템플릿 고르기]-[퀴즈]-[학교 퀴즈룸(10문제)]을 클릭하여 스페이스를 생성합니다.

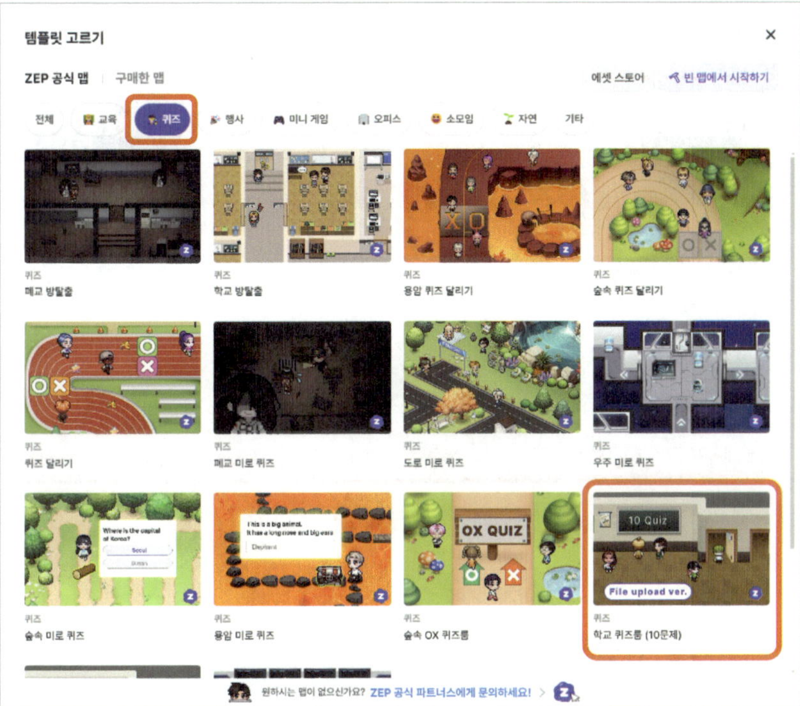

[그림 3-4-15] 학교 퀴즈룸(10문제) 템플릿

⑤ **포털로 공간 연결하기**: 퀴즈룸 스페이스를 생성한 후에 복도 공간 맵 에디터를 이용하여 복도 공간에 생성된 각각의 퀴즈룸과 메인 교실로 연결해 줄 포털을 설치하여 스페이스를 연결합니다.

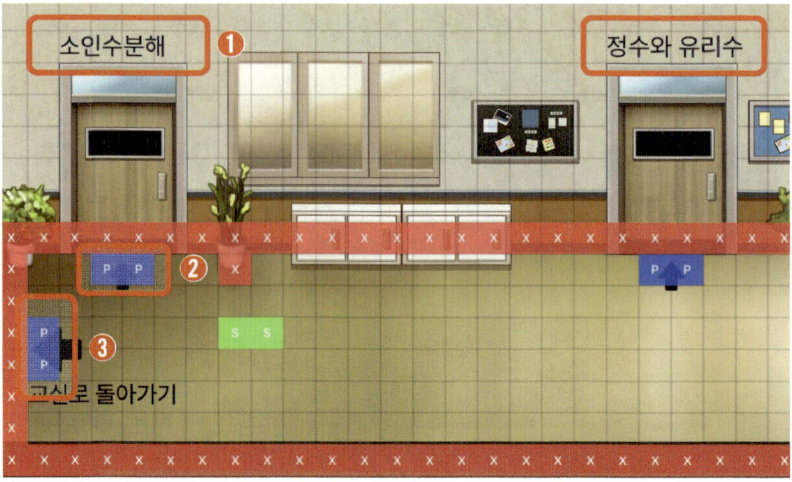

[그림 3-4-16] 퀴즈룸 복도 포탈 구성

❶ 퀴즈룸 단원명

❷ 해당 퀴즈룸 입장 포털

❸ 메인 교실로 돌아가는 포털

⑥ **포털로 퀴즈룸 간 공간 연결하기**: 퀴즈룸의 퀴즈를 모두 해결하면 다른 공간으로 이동할 수 있게 퀴즈룸 마지막 구역에 포털을 설치합니다. 이때 왼쪽에는 메인 교실로 돌아가는 포탈을, 오른쪽에는 다른 퀴즈를 풀 수 있도록 퀴즈룸 통로로 돌아갈 수 있는 포탈을 만들어 줍니다.

[그림 3-4-17] 퀴즈룸 포탈 구성

4 퀴즈룸에 문제 업로드하기

① **퀴즈 업로드 선택하기**: 퀴즈룸 화면에서 왼쪽에 있는 [퀴즈 업로드] 버튼을 클릭하여 준비한 문제파일을 업로드합니다.

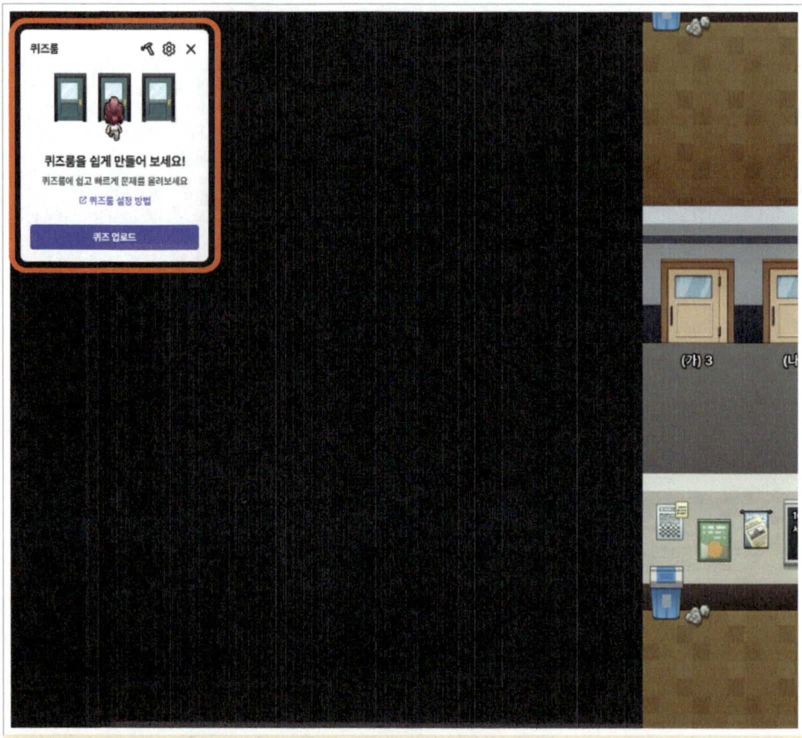

[그림 3-4-18] 퀴즈 업로드 탭

[퀴즈 업로드]를 클릭하면 도움말, 퀴즈 문제 다운로드, 업로드 등 퀴즈 만들기에 필요한 탭이 생성됩니다.

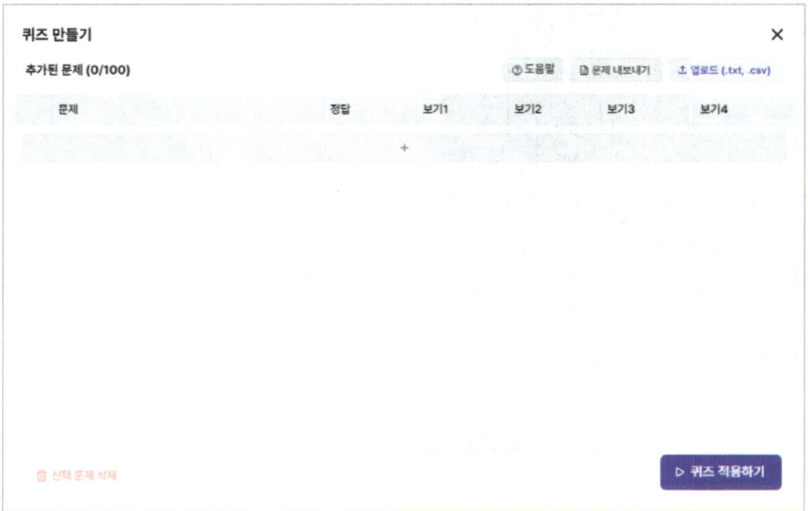

[그림 3-4-19] 퀴즈 업로드 선택 후 팝업 화면

② **퀴즈 업로드 후 화면 확인하기**: 문제 파일을 업로드하면 아래 사진과 같이 퀴즈룸에 문제가 생성되어 퀴즈를 풀 수 있습니다.

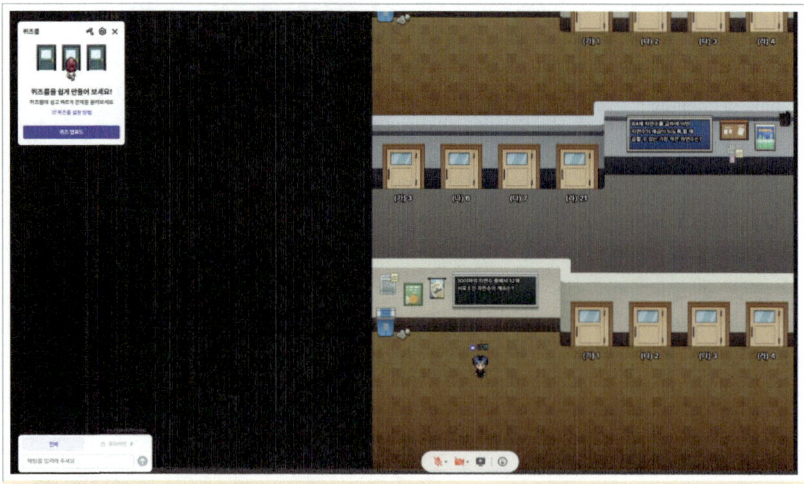

[그림 3-4-20] 퀴즈 업로드 후 생성된 퀴즈룸

③ **퀴즈룸 글자 스타일 수정하기**: 화면 왼쪽에 있는 퀴즈룸 메뉴 탭 상단의 망치 아이콘을 클릭하면 '문제 글자 스타일'과 '답안 글자 스타일'을 설정할 수 있습니다.

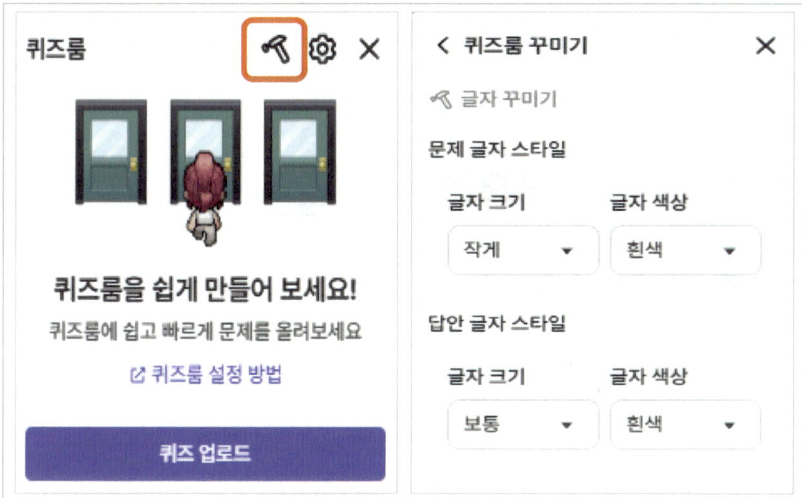

[그림 3-4-21] 퀴즈룸 꾸미기

※ 아래그림과 같이 문제의 길이가 길어 화면에 문제가 잘릴 경우 퀴즈룸 꾸미기에 들어가 문제의 글자 크기를 작게 하면 됩니다.

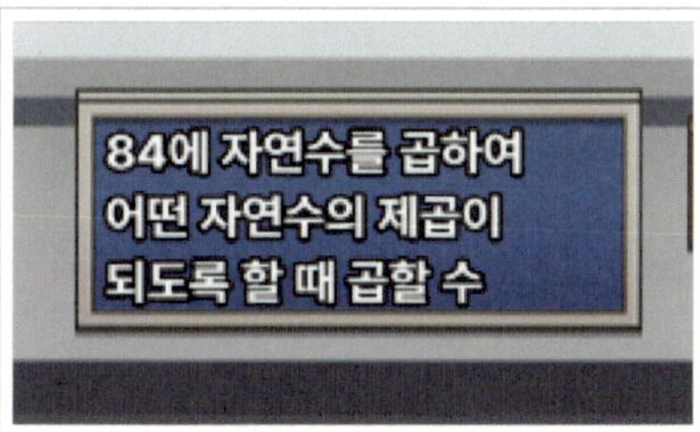

[그림 3-4-22] 글자 크기 보통

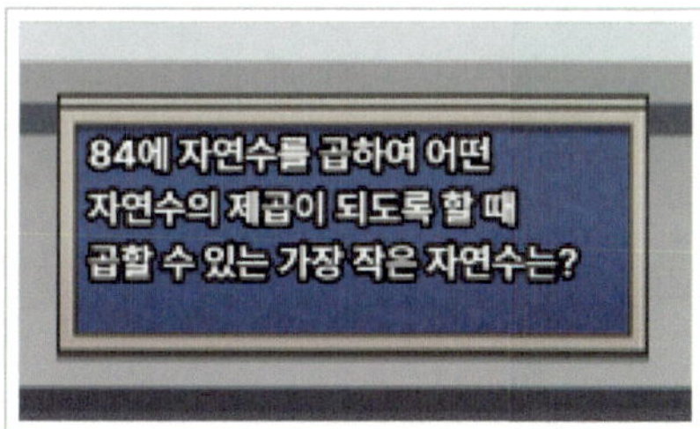

[그림 3-4-23] 글자 크기 작게

5 데이터 관리

왼쪽에 있는 퀴즈룸 메뉴의 설정 버튼을 누르게 되면 ❶ '플레이 상세 기록'과 ❷ '플레이 통계 기록'과 같이 학생들의 사용 기록을 엑셀 파일로 다운로드할 수 있어 결과를 쉽게 확인할 수 있습니다.

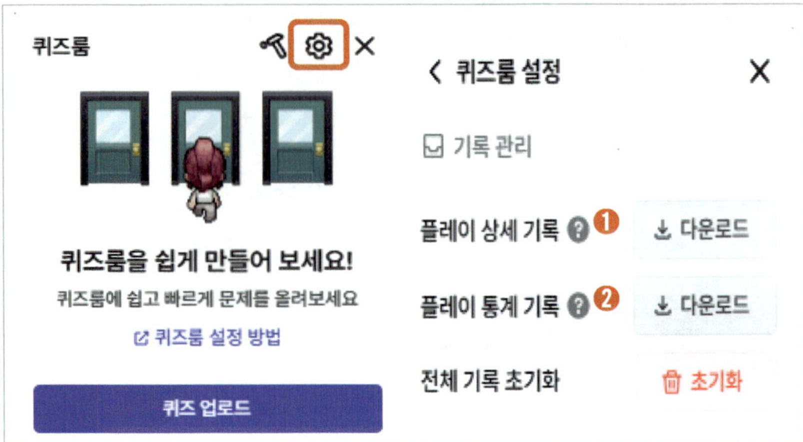

[그림 3-4-24] 퀴즈룸 설정

① 플레이 상세 기록

플레이 상세 기록을 다운로드하면, 학생들이 퀴즈룸에 접속할 때마다, 접속 시간, 점수, 퀴즈 풀이 시간 데이터를 볼 수 있습니다.

	❶ A	❷ B	❸ C	❹ D	❺ E
1	quizID	date	name	score	playTime
2	1	2024/03/28 9:57	하마	8	47s
3	1	2024/03/28 9:59	소라게	5	76s
4	1	2024/03/28 10:04	낙타	1	15s
5	1	2024/03/28 10:06	낙타	1	31s
6	1	2024/03/28 10:07	하마	6	46s
7	1	2024/03/28 10:08	하마	7	50s
8	1	2024/03/28 10:27	소라게	5	28s
9	1	2024/03/28 11:11	낙타	2	14s
10	1	2024/03/28 12:07	낙타	2	15s
11	1	2024/03/28 13:16	강쌤	2	13s
12	1	2024/04/04 10:20	강쌤	5	21s
13	3	2024/04/04 10:33	하마	8	61s
14	3	2024/04/04 10:41	호랑이	8	486s
15	3	2024/04/04 11:11	낙타	2	13s
16	3	2024/04/04 11:11	낙타	2	13s
17	3	2024/04/04 11:13	호랑이	7	26s

[그림 3-4-25] 퀴즈룸 플레이 상세 기록

❶ 퀴즈 세트 번호

❷ 학생이 접속한 시간

❸ 퀴즈룸에 접속하여 문제를 푼 학생의 목록

❹ 학생별 퀴즈 점수

❺ 학생이 퀴즈 문제를 모두 해결하는 데 걸린 시간

② 플레이 통계 기록

플레이 통계 기록은 이 퀴즈의 전체 참여자 수, 평균 점수, 평균 풀이 시간을 볼 수 있습니다.

	❶ A	❷ B	❸ C	❹ D	E
1	Quiz ID	Total Part	Average S	Average Playtime	
2	1	11	4	32.36s	
3	3	5	5.4	119.80s	
4					
5					

[그림 3-4-26] 퀴즈룸 플레이 통계 기록

❶ 퀴즈 세트 번호

❷ 퀴즈룸에 접속하여 문제를 모두 푼 학생 수

❸ 퀴즈에 대한 전체 평균 점수

❹ 퀴즈를 푸는데 걸린 전체 평균 시간

5 모둠 수행과제 〈수학자의 방 만들기〉

모둠 수행과제 〈수학자의 방 만들기〉 활동은 교과서 속 수학자를 선정하여 생애와 업적을 깊이 있게 이해하고 메타버스 환경에서 학습하는 새로운 수업입니다. 예시 자료는 총 2차시 수업으로 진행되며 차시별 운영 내용은 다음과 같습니다.

차시	단계	내용	활동
1차시	모둠 활동 안내 및 자료 수집	• 수업 목표와 과제 안내	– 과제 소개 및 모둠 구성 – 교과서 속 수학자 목록 제공 및 모둠별 조사할 수학자 선정하기
		• 활동1. 자료 수집 및 정리	– 모둠원 각자 역할 정하기 – 자료 수집 방법 안내하기 – 정보의 정확성과 출처의 중요성 지도
2차시	공간 구축 및 자료 전시	• 활동2. 수학자 방 공간 디자인	– 수집한 자료를 토대로 공간 디자인
		• 활동3. 수학자의 방 구축 & 자료 전시	– 수학자의 생애, 업적, 중요한 발견들을 설명하는 다양한 자료(텍스트, 이미지, 비디오 등) 사용
		• 활동4. 전시 공간 개방 및 관람	– 다른 모둠에서 만든 전시관을 관람 및 피드백 제공

5.1 | 수업 준비하기

1 수업 준비

모둠별 수학자의 방과 각 수학자의 방으로 들어갈 통로가 되어줄 공간을 생성합니다. 모둠별 수학자의 방으로 들어가기 위한 복도 공간을 먼저 만들고 각 모둠의 수학자의 방을 생성하겠습니다.

① **수학자의 방 통로 공간 템플릿 선택하기**: 모둠별 수학자의 방으로 들어가기 위한 통로 공간을 만듭니다. 맵 에디터를 이용하여 [새 맵 추가하기]-[템플릿 고르기]-[교육]-[시험장 복도]를 클릭하여 스페이스를 생성합니다.

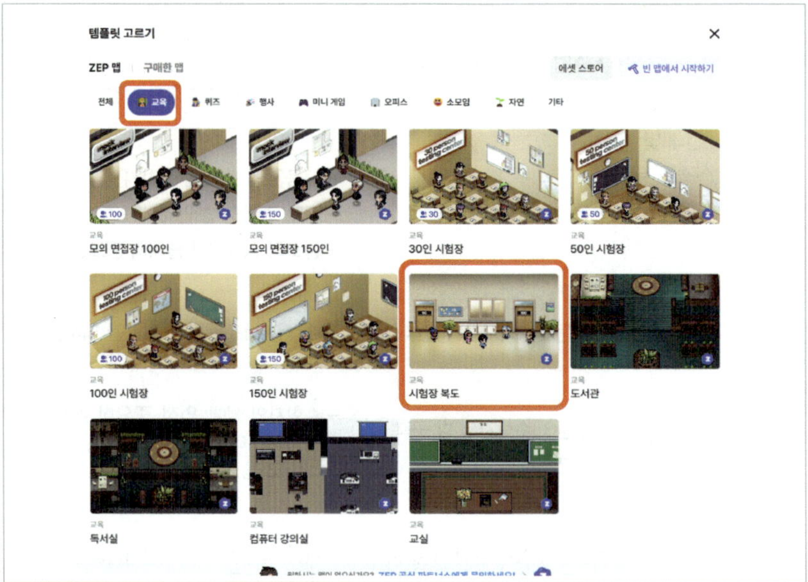

[그림 3-5-1] 시험장 복도 템플릿 고르기

② **수학자의 방 이름 만들기**: 시험장 복도 스페이스에서 맵에디터를 이용하여 교실 문에 각 조의 번호를 명시해 학생들이 자신이 속한 조의 수학자 방으로 찾아갈 수 있게 수정합니다.

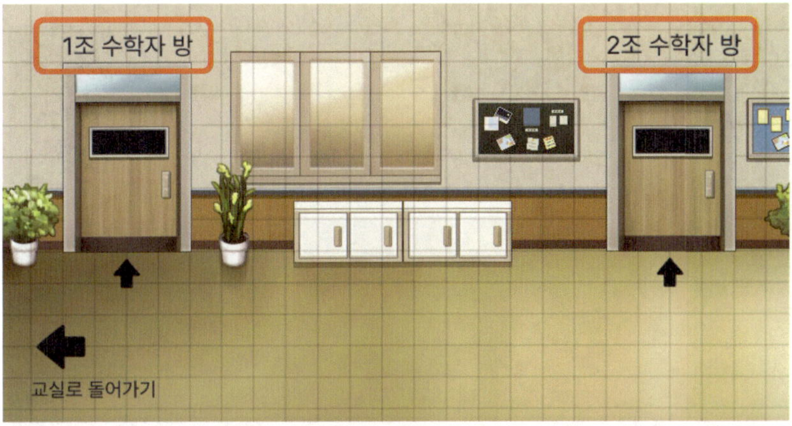

[그림 3-5-2] 수학자의 방 복도 이름 만들기 (앞 단원과 통일)

③ **포털로 공간 연결하기**: 메인 교실에서 '수학자의 방 꾸미기'로 이동할 수 있는 포털을 생성해 '메인 교실'과 '수학자의 방 꾸미기' 복도를 연결해 줍니다.

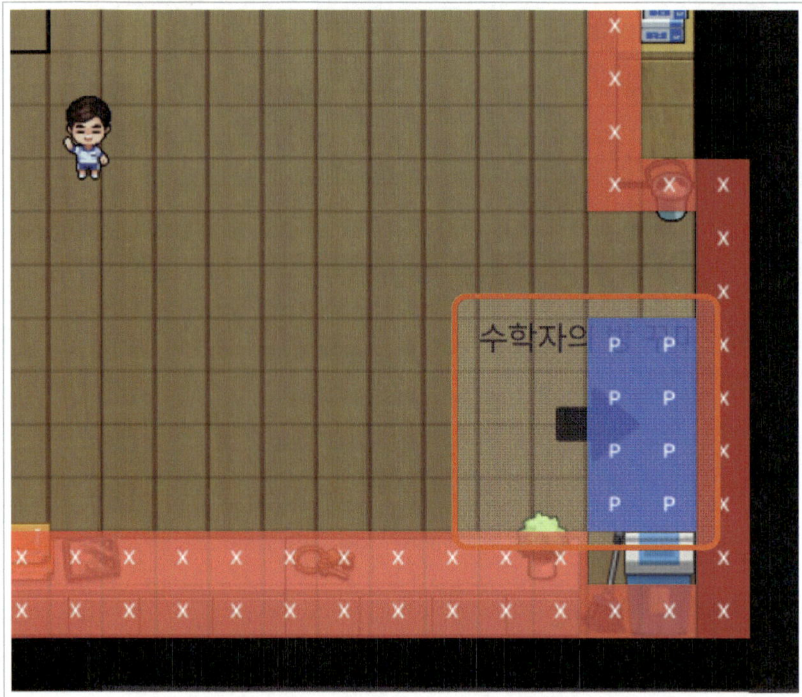

[그림 3-5-3] 수학자의 방 꾸미기 복도 이동 포탈

④ **모둠별 활동실 템플릿 선택하기**: 조별 '수학자의 방' 스페이스를 생성합니다. [행사]-[소형 전시관(전시품 10점)]을 클릭하여 전시관 스페이스를 생성합니다.

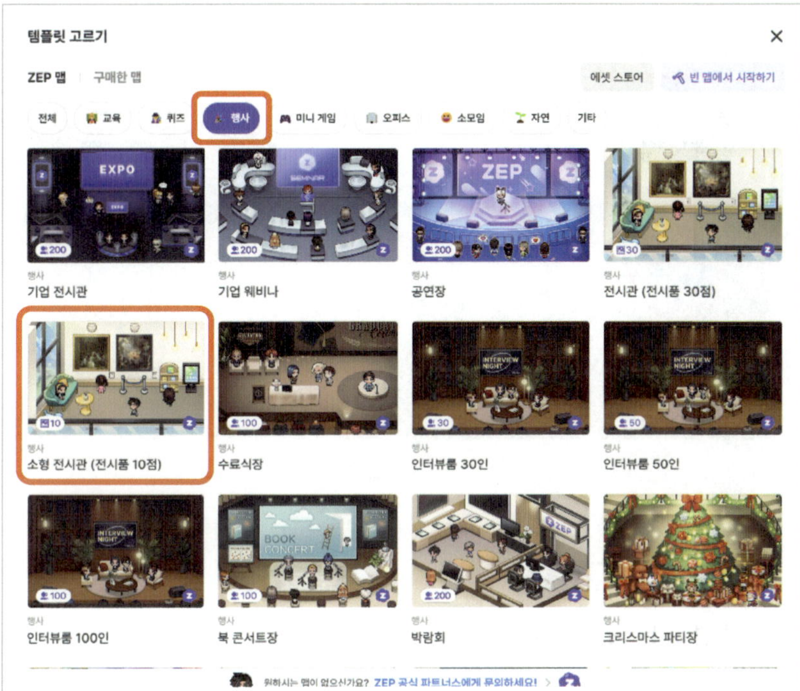

[그림 3-5-4] 소형 전시관 템플릿

⑤ **포털로 모둠별 활동실 연결하기**: 복도 공간에 생성된 각각의 모둠별 '수학자의 방'과 '메인 교실'로 들어갈 수 있는 포털을 생성하여 공간끼리 연결해줍니다.

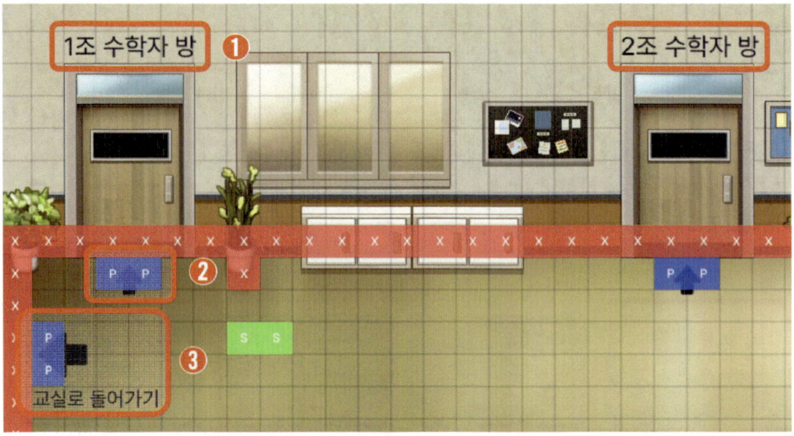

[그림 3-5-5] 수학자의 방 복도 포탈 구성

❶ 모둠별 이름

❷ 해당하는 조 전시관 입장 포탈

❸ 교실로 돌아가는 포탈

⑥ 모둠별 수학자의 방 안에서 왼쪽에는 메인 교실로 돌아가는 포탈을 생성하고, 오른쪽에는 다른 모둠의 전시관으로 이동할 수 있게 수학자의 방 복도로 이동하는 포탈을 만들어 줍니다.

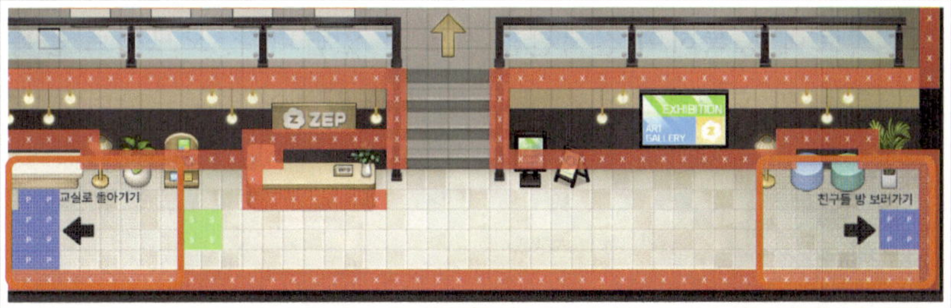

[그림 3-5-6] 수학자의 방 포탈 구성

2 수학자 방 구축하기 예시

① **나의 오브젝트 추가하기**: 수집한 수학자의 생애와 업적의 이미지, 유튜브 링크, 동영상 링크 등의 자료를 모두 '나의 오브젝트'에 등록하여 전시관을 꾸밀 수 있습니다. 오브젝트 등록은 나의 오브젝트에서 [+추가]를 클릭하여 업로드합니다.

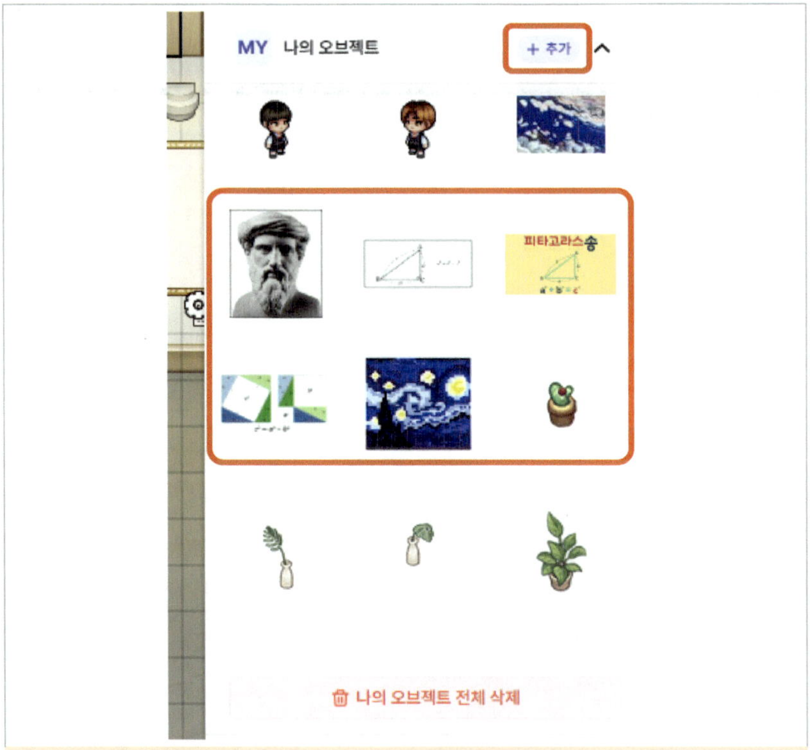

[그림 3-5-7] 나의 오브젝트 등록

② **오브젝트 크기 조절**: 등록된 오브젝트를 액자에 넣을 수 있게 크기를 조절합니다.

[그림 3-5-8] 오브젝트 크기 조절

③ **전시관 꾸미기**: 준비한 자료를 모두 이용하여 전시관을 꾸밉니다.

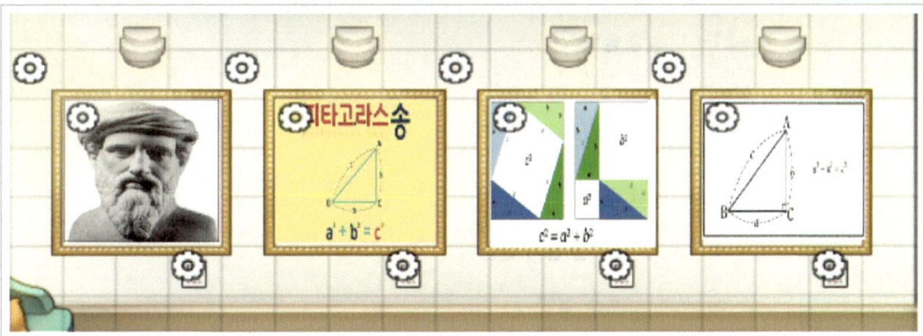

[그림 3-5-9] 피타고라스 오브젝트를 이용한 전시관 꾸미기

④ **이미지 팝업 설정**: 오브젝트에는 오브젝트 설정을 통해 이미지와 동영상 등 링크를 연결할 수 있습니다. 유형에서 '이미지 팝업'으로 선택해 이미지를 등록하면 해당 오브젝트를 실행시킬 때 이미지 팝업이 나오게 됩니다.

[그림 3-5-10] 이미지 팝업 설정

⑤ **이미지 팝업 실행**: 등록된 오브젝트에 아바타가 가까이 다가가서 F를 눌러 실행시키면 피타고라스 이미지 팝업이 생성된 것을 확인할 수 있습니다.

[그림 3-5-11] 피타고라스 이미지 실행

[그림 3-5-12] 피타고라스 이미지 팝업

⑥ 동영상 팝업 설정: 같은 방법으로 유형에서 '팝업으로 웹사이트 열기'를 선택한 후, 웹사이트 링크에 동영상 링크 주소를 등록하면 해당 오브젝트를 실행시킬 때 동영상이 나타납니다.

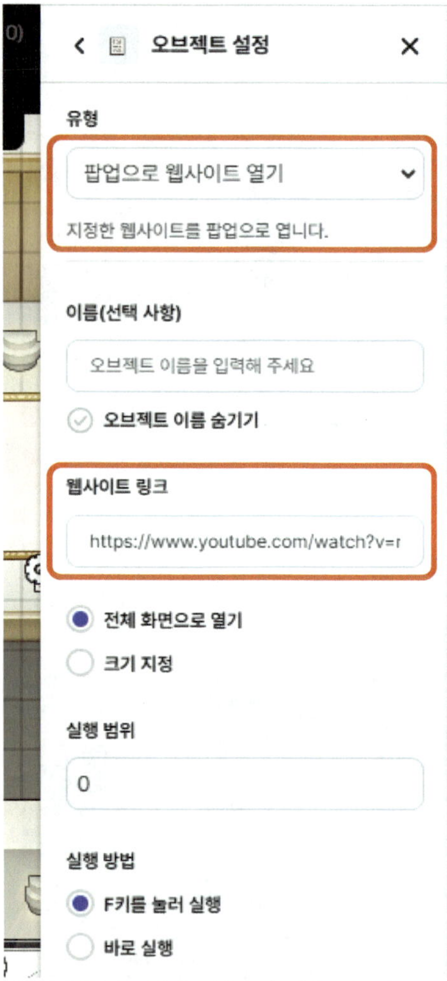

[그림 3-5-13] 웹사이트 열기 설정

⑦ **동영상 팝업 실행**: 등록된 오브젝트에 아바타가 가까이 다가가서 F를 눌러 실행시키면 피타고라스 송 동영상 팝업이 실행되는 것을 확인할 수 있습니다.

[그림 3-5-14] 피타고라스 송 실행

[그림 3-5-15] 피타고라스 송 팝업

5.2 | 모둠별 〈수학자의 방〉 수업 사례

❖ **학습 주제**: 수학자의 방 만들기

❖ **대상**: 전학년

❖ **학습 목표**

- 수학의 역사와 문화의 맥락을 이해할 수 있다.
- 디지털 도구와 기술을 사용할 수 있다.
- 협업 및 수학적 의사소통을 기를 수 있다.

❖ **수업의 흐름**

수업 안내	공간 설계	공간 구축	공유 및 성찰
수행과제 안내 모둠 구성	수학자 선정 및 공간 계획하기	수학자 방 꾸미기	발표 및 피드백
1차시		2차시	

❖ **참고 자료**

- 활동지 QR

1 수업 안내

학생들에게 젭에서의 〈수학자의 방 만들기〉 과제에 대한 목적을 설명합니다. 학생들은 모둠을 편성한 후 각 모둠이 소개할 수학자를 선정합니다. 모둠 구성원들이 서로 협력하여 과제를 함께 해결할 수 있도록 구성원 간 역할 분담 및 소통 방안을 설정합니다.

활동 **우리 모둠은**

❶ **모둠 이름 정하기**

❷ **수학자 선정하기**

❸ **역할 나누기**

이름	역할
너구리	OO수학자 생애 자료 조사
사자	OO수학자 업적 자료 조사
곰	OO수학자 방 인테리어 담당
물개	OO수학자 방 자료 업로드 담당

[그림 3-5-16] 모둠 역할 나누기 활동지 예시

2 공간 설계하기

공간을 설계하기에 앞서, 학생들이 자료를 수집하고 정리할 수 있도록 안내합니다.

▸ 자료 수집 및 정리

- 각 모둠은 수학자를 선정한 후, 해당 수학자의 생애, 주요 업적 등을 조사하고 이미지, 동영상 등의 자료를 수집합니다.

- 도서관, 인터넷, 데이터베이스 등을 활용한 자료 수집 방법을 안내하고 정보의 정확성과 출처의 중요함에 대해 지도합니다.

활동 1 수학자의 생애와 업적에 관한 이미지, 동영상 링크를 메모하고, 출처를 같이 적어둡니다.

▸ 아이디어 공유 및 토의

- 수학자에 대한 수집한 자료를 토대로 전시관의 구성과 디자인에 관한 아이디어 공유 및 토의를 진행합니다.

활동 2 수집한 수학자의 자료 및 아이디어 공유를 토대로 공간을 설계하여 봅시다.

3 공간 구축하기

준비된 전시관의 링크를 모듬별로 제공한 후 학생들이 젭에서 자유롭게 수학자 방을 꾸밀 수 있도록 지도합니다.

[그림 3-5-17] 1조 피타고라스의 방 예시

[그림 3-5-18] 2조 오일러의 방 예시

4 공유 및 성찰

전시 공간을 개방하여 각 모둠은 자신들이 만든 전시관을 발표하고, 다른 모둠의 전시관을 방문하여 피드백을 제공합니다. 발표 후에는 자기/동료평가를 받고 전시관 보완 및 추가 작업을 진행하여 완성도를 높입니다.

평가 **모둠 자기·동료 평가표**

아래 표에 전시관을 체험하고 난 다음, 친구들과 이야기하고 활동에 대해 5점 만점으로 점수를 입력해주세요.

❖ 자기평가 · 동료평가

모둠	전시관 완성도	수학자 생애/업적 내용 완성도	기타 의견
우리조			
1조			
2조			
3조			
4조			

[그림 3-5-19] 자기·동료평가 활동지 예시

6 진로 연계 프로젝트 〈나의 드림 스페이스〉

〈나의 드림 스페이스〉 프로젝트는 학생들이 자신의 희망 진로나 관심 분야에 대해 더 깊이 탐구하고, 이와 관련된 다양한 자료를 수집하고 정리하여 자신의 꿈과 관련된 공간을 구축하는 활동입니다. 이 프로젝트를 통해 학생들은 자신의 미래와 관련된 정보를 탐색하는 힘을 기르고 자신의 진로에 대한 열정을 키우며 미래의 직업 세계에 대비할 수 있습니다. 예시 자료는 총 4차시 수업으로 진행되며 차시별 운영 내용은 다음과 같습니다.

차시	단계	내용	활동
1차시	수업 안내 및 진로 탐색	• 수업 목표와 과제 안내	– 진로 프로젝트 안내
		• 활동1. 미래 유망 직업 조사 및 나의 진로 탐색	– 미래 유망 직업을 조사하고 나의 희망 진로 발표
2~3 차시	공간 설계 및 구축	• 활동2. 〈나의 드림 스페이스〉 설계	– 자신의 희망 진로 분야와 관련된 자료 수집하고 공간 디자인하기
		• 활동3. 〈나의 드림 스페이스〉 구축	– 나의 꿈의 공간을 구축하고 다양한 자료(텍스트, 이미지, 비디오 등) 전시
4차시	공유 및 성찰	• 활동4. 전시 공간 개방 및 관람	– 다른 친구들의 드림 스페이스 관람 및 피드백 제공

6.1 | 진로 연계 프로젝트 〈나의 드림 스페이스〉 수업 사례

❖ **학습 주제**: 나의 꿈, 나의 진로

❖ **대상**: 고등학교 1학년

❖ **학습 목표**

▸ 관심 진로 분야에 대한 이해를 높일 수 있다.

▸ 디지털 도구와 기술을 사용할 수 있다.

▸ 진로 연계 활동을 통해 진로 의사결정 능력을 계발할 수 있다.

❖ **수업의 흐름**

수업 안내	공간 설계	공간 구축	공유 및 성찰
관심 분야의 진로 탐색하기	모둠 구성 및 공간 설계하기	개별 또는 모둠별 공간 구축하기	발표 및 피드백
1차시	2~3차시	4차시	

❖ **참고 자료**

▸ 활동지 QR

▸ 커리어넷(https://www.career.go.kr)

1 수업 안내 및 진로 탐색

▸ 수업 안내

– 4차시 동안 진행될 〈나의 드림 스페이스〉 프로젝트의 전체적인 흐름과 자신의 진로 공간 구축에 대한 수업 목표를 안내합니다.

▸ 진로 탐색 활동

– 4차 산업혁명 시대를 맞아 인공지능, 지능형 로봇, 빅데이터 등 과학기술의 발전으로 사회, 경제, 문화 등에서 혁신적인 변화가 일어나며 새로운 직업이 등장하고 있습니다. 미래 직업세계 변화를 이해하기 위해 커리어넷(https://www.career.go.kr)에 접속하여 [직업정보] – [미래직업]에서 나의 관심 미래직업을 탐색합니다.

[그림 3-6-1] 커리어넷-직업정보-미래직업

활동 1 나의 관심 미래직업을 선정하여 활동지에 정리하고 발표해 봅시다.

활동

나의 관심 미래직업 선정하기

미래 직업 세계 전망

미래 직업 세계는 끊임없이 변화하고 있으며, 특히 최근에는 기술 발전으로 인해 그 변화 속도가 매우 빠릅니다. 미래학자 토마스 프레이는 로봇과 인공지능의 발전으로 인해 2030년까지 전 세계에서 20억 개의 일자리가 사라질 것으로 예측했습니다. 이러한 변화의 방향을 이해하고 자신의 진로를 선택하는 것은 중요합니다. 가까운 미래의 직업세계의 변화를 예측한다면, 자신의 직업을 선택하는데 도움이 될 수 있습니다.

1 직업명 : 로봇공학자

❶ 어떤 일을 하나요?

로봇공학자는 크고 작은 부품과 장치들을 연구 . 개발하고 하나의 로봇으로 조립하여 만드는 일을 합니다. 로봇을 개발, 운용, 정비, 수리하는 사람들도 넓은 의미에서 로봇공학자라고 할 수 있습니다.

❷ 어떤 적성과 흥미가 필요한가요?

하나의 로봇을 만들기 위해서는 무한한 노력과 끈기가 필요합니다. 인내를 가지고 새로운 것에 대한 궁금해하며, 창의적인 방법으로 문제를 해결하는 것을 좋아하여야 합니다.

❸ 이 직업의 미래는 어떤가요?

앞으로 개인 서비스용 로봇 시장이 급속히 성장하고, 공장에서 쓰이는 로봇 시장도 성장을 지속할 것입니다. 사람처럼 생각하고 행동하는 지능형 로봇도 더욱 발달해서 의료, 간병, 교육, 공연 등의 분야에도 진출할 수 있습니다. 미국, 일본, EU, 중국, 등 주요국은 각국 상황에 맞게 로봇 산업을 적극 지원하고 있습니다.

2 직업명 : 스마트 재난 관리 전문가

❶ 어떤 일을 하나요?

스마트 재난 관리* 전문가는 각종 스마트 기기를 활용해서 신속하고 정확하게 재난에 대응할 수 있도록 도와줍니다. 반복되는 재난에서 나타나는 공통점이나 발생 원인을 분석하여 필요한 대응 방법을 찾고, IT 기술과 최첨단 장비를 융합하여 재난 관리 시스템을 기획하고 개발합니다.

❷ 어떤 적성과 흥미가 필요한가요?

타인에 대한 감정을 잘 이해할 수 있고, 다른 사람들을 위해 봉사활동을 하는 것을 좋아하는 사람에게 적합합니다. 맡은 일에 책임감이 강하고 어떤 일에 대해 미리 대비하는 성격의 사람이 적합합니다.

❸ 이 직업의 미래는 어떤가요?

스마트 재난 관리 시스템은 폭풍, 홍수, 지진, 화재 등 예상하지 못한 재난으로부터 국민을 보호하기 위해 그 중요성이 더욱 커지고 있습니다. 재난 관리에 대한 국민적 관심과 정부의 정책에 따라 앞으로 재난 안전 분야는 더욱 성장할 것으로 예상됩니다..

[그림 3-6-2] 나의 관심 미래직업 선정하기 활동 예시

2 공간 설계하기

▸ 자료 수집 및 정리

- 공간을 디자인하기에 앞서, 학생들이 자신의 희망 진로 분야와 관련된 자료를 수집하고 정리할 수 있도록 안내합니다.
- 희망 진로와 관련된 수학 원리 등을 조사하고, 교과서 관련 내용, 이미지와 동영상 등의 자료를 수집합니다.
- 도서관, 인터넷, 데이터베이스 등을 활용한 자료 수집 방법을 안내하고 정보의 정확성과 출처의 중요함에 대해 지도합니다.

※ 희망 진로 분야가 같은 학생들끼리 모둠을 이루어 〈드림 스페이스〉를 설계할 수도 있고, 희망 진로가 없는 경우에는 관심 분야의 진로를 선택할 수 있습니다.

▸ 〈나의 드림 스페이스〉 설계하기

- 나의 드림 스페이스를 위해 수집한 자료를 효율적으로 배치하고 내용이 잘 전달될 수 있도록 공간을 설계합니다. 전시 공간이 몇 개가 필요한지, 어느 자료를 어디에 배치할지 아이디어를 적어봅시다.

3 공간 구축하기

▸ 빈 맵에서 〈나의 드림 스페이스〉 구축하기

① **스페이스 만들기:** 먼저 젭 홈페이지 첫 화면에서 [스페이스 만들기]를 클릭합니다. 템플릿 고르기 창이 나타납니다. 바닥과 벽을 포함하여 모두 새로 만들기 위해서 [빈 맵에서 시작하기] 버튼을 클릭합니다.

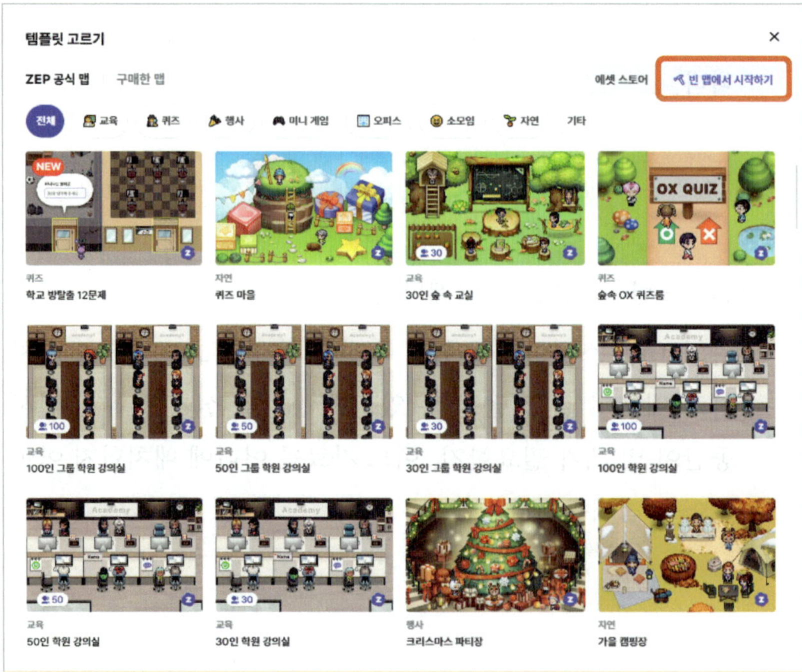

[그림 3-6-3] 빈 맵에서 시작하기

② **스페이스 설정하기**: 스페이스 이름을 지정하고 비밀번호를 설정할 것인지, 추후 홈 화면과 검색 결과에 스페이스가 검색되는 것을 허용할지를 결정한 다음 만들기를 클릭합니다.

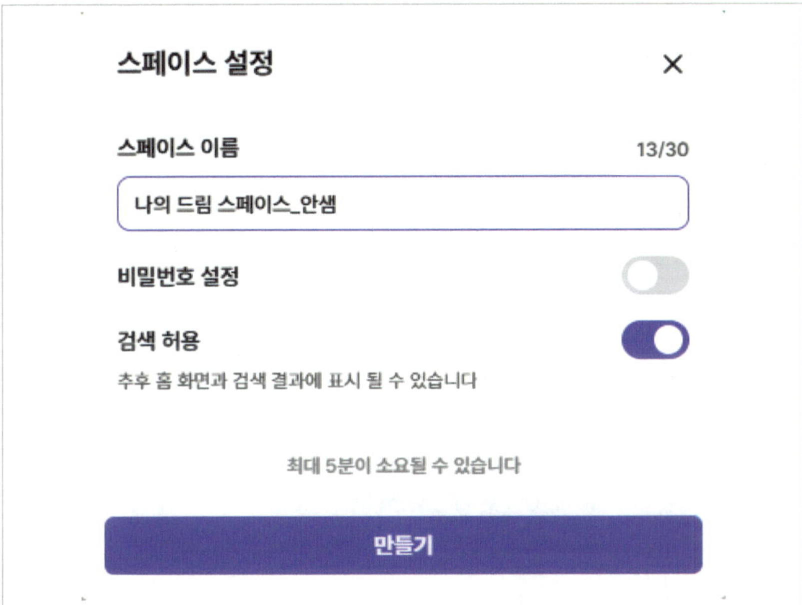

[그림 3-6-4] 스페이스 설정

③ **맵의 크기 수정하기**: 맵의 크기를 원하는 크기에 맞게 조정합니다. 설계한 공간에 맞게 너비, 높이를 지정합니다.

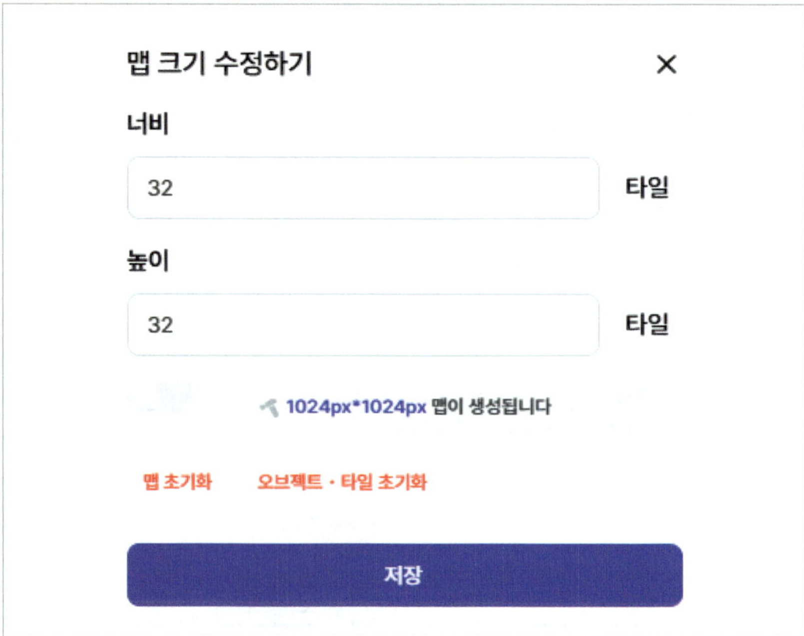

[그림 3-6-5] 맵 크기 수정

④ **바닥 설치하기**: 위쪽 상단 메뉴에서 [바닥] 아이콘을 클릭하고 [도장]을 클릭합니다. 한번에 많은 타일을 깔기 위해 도장의 크기를 4x로 선택하고 오른쪽 바닥 타일 중에 하나를 선택하여 맵에 설치합니다. 이때, 마우스 왼쪽 버튼을 누른 상태에서 드래그를 하면 쉽게 설치가 가능합니다.

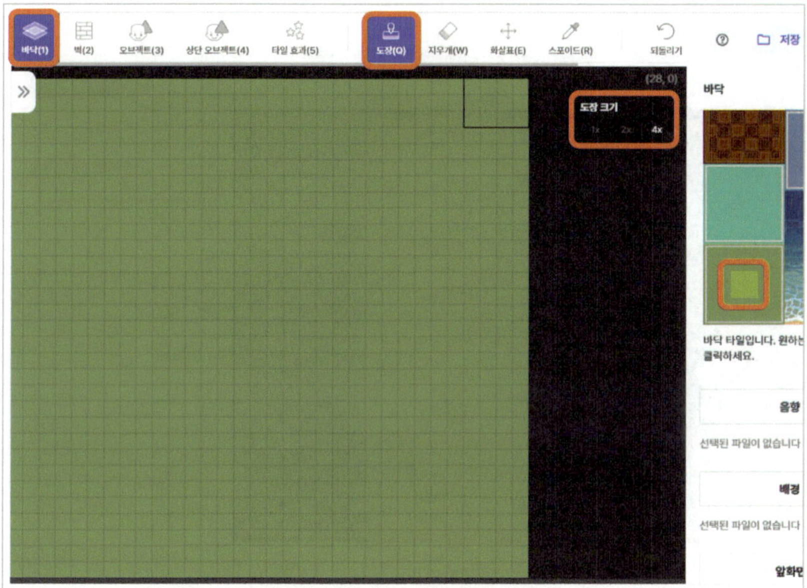

[그림 3-6-6] 바닥 설치

⑤ **통과 불가 구역 설정하기**: 아바타의 이동 동선을 고려하여 아바타가 지나갈 수 없는 통과 불가 구역을 설정합니다. 화면 상단에 [타일 효과] 아이콘을 클릭하고 [도장]을 클릭합니다. 아주 큰 맵이 아니면 도장의 크기는 1x로 선택하고 오른쪽 상단에서 [통과 불가]를 클릭한 후 설치할 위치에 커서를 두고 클릭합니다.

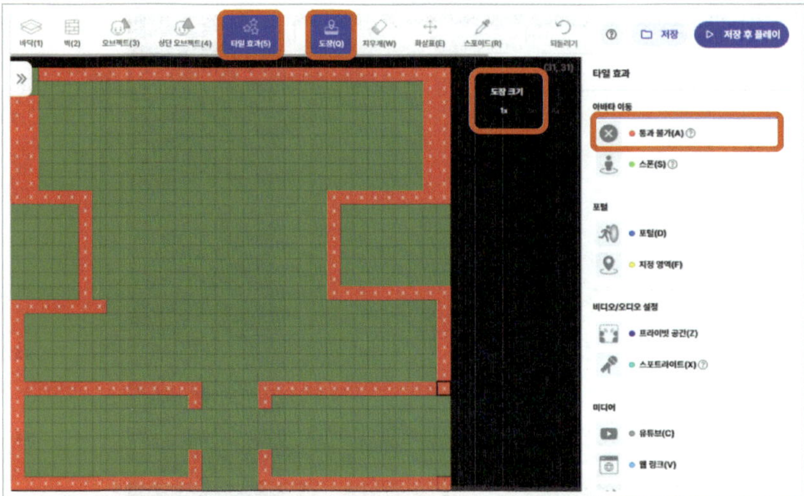

[그림 3-6-7] 통과 불가 구역 설정

⑥ **오브젝트 효과 주기**: 기본적으로 제공하는 오브젝트에서 전시관에 사용하고 싶은 것이 없을 때, 에셋 스토어를 이용합니다.

맵 에디터에서 에셋 스토어로 바로 가려면 상단에 [오브젝트] 아이콘을 클릭하고 오른쪽 상단에 [에셋 스토어]를 클릭합니다.

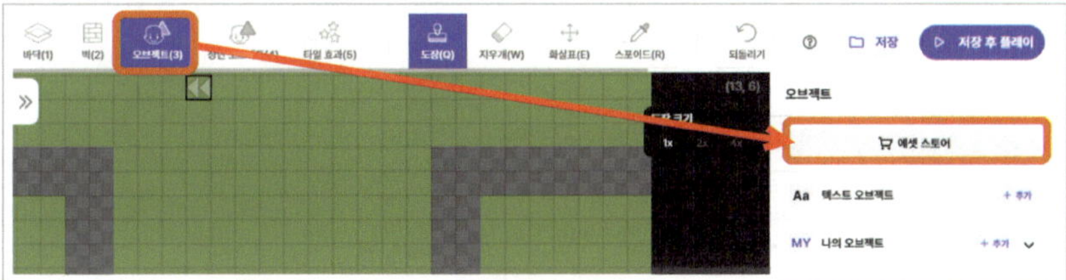

[그림 3-6-8] 맵 에디터에서 에셋 스토어 바로 가기

에셋 스토어에서 오브젝트를 이용할 것이기 때문에 오브젝트 중 전시관 오브젝트를 선택합니다.

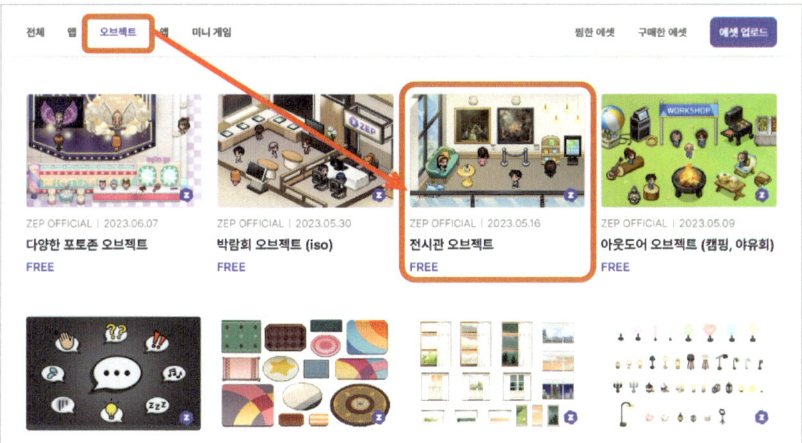

[그림 3-6-9] 전시관 오브젝트 선택

오른쪽 구매하기를 클릭하면 맵 에디터에서 오른쪽 화면에 오브젝트 패널에 전시관 오브젝트가 다운로드 되어 추가된 것을 확인할 수 있습니다.

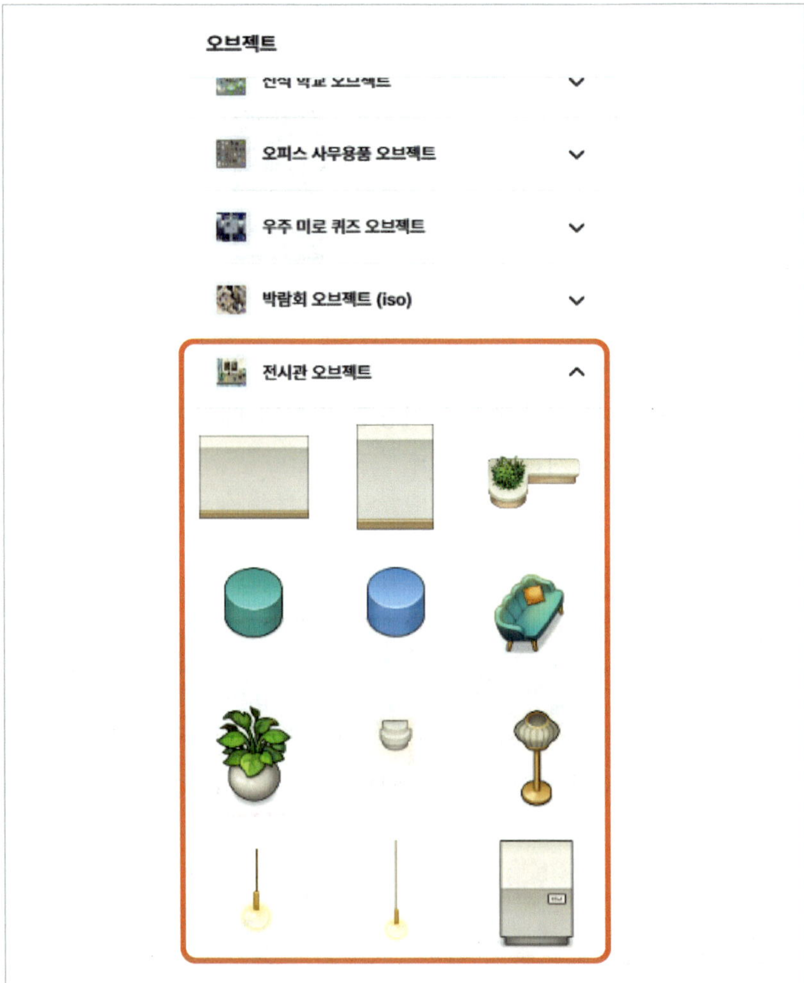

[그림 3-6-10] 전시관 오브젝트가 추가된 모습

같은 방법으로 에셋스토어에서 가이드 오브젝트를 다운로드하여 드림 스페이스를 꾸며 봅니다.

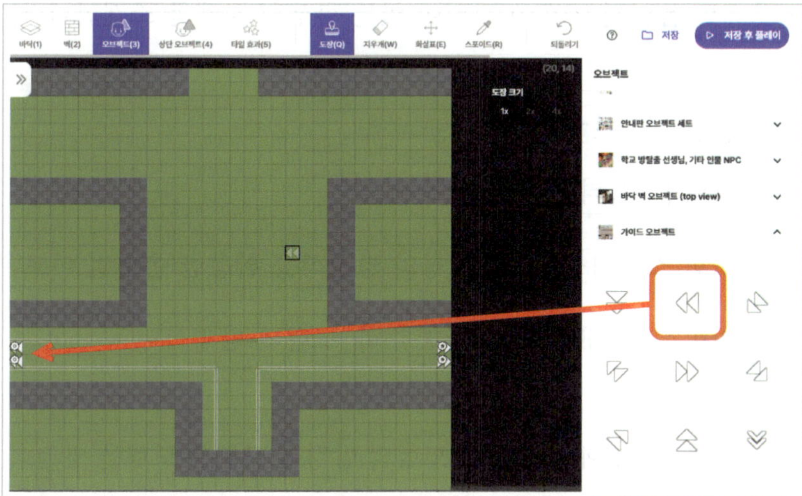

[그림 3-6-11] 가이드 오브젝트 설치

⑦ **전시관 꾸미기**: 다양한 오브젝트를 이용하여 수집한 자료와 함께 전시관을 꾸밉니다.

⑧ **포털로 전시 공간 연결하기**: 여러 개의 공간으로 나누어 전시 공간을 생성한 경우 생성된 각각의 전시관은 포털을 이용하여 공간끼리 연결해줍니다.

4 공유 및 성찰

다음에서는 고등학교 1학년 때 배우는 수학 내용 중 '도형의 방정식'을 주제로 옵티컬 아트에 관심이 있는 학생의 사례를 소개합니다.

▸ 〈나의 드림 스페이스〉 학생 사례

- 직업명: 옵티컬 아티스트
- 드림 스페이스 주제: 도형의 방정식을 활용한 옵티컬 아트
- 관련 교과 내용: 고등학교 수학_도형의 방정식

고등학교 1학년에서 배우는 도형의 방정식 단원은 도형을 방정식과 연결하여 대수와 기하를 연결하는 사고의 전환으로 수학에 대한 흥미와 관심을 갖도록 하는 단원입니다. 관련 성취기준은 다음과 같습니다.

[10공수2-01-01] 선분의 내분을 이해하고, 내분점의 좌표를 계산할 수 있다.
[10공수2-01-02] 두 직선의 평행 조건과 수직 조건을 탐구하고 이해한다.
[10공수2-01-03] 점과 직선 사이의 거리를 구하고, 관련된 문제를 해결할 수 있다.
[10공수2-01-04] 원의 방정식을 구하고, 그래프를 그릴 수 있다.
[10공수2-01-05] 좌표평면에서 원과 직선의 위치 관계를 판단하고, 이를 활용하여 문제를 해결할 수 있다.
[10공수2-01-06] 평행이동을 탐구하고, 실생활과 연결하여 문제를 해결할 수 있다.
[10공수2-01-07] 원점, x축, y축, 직선 $y=x$에 대한 대칭이동을 탐구하고, 실생활과 연결하여 문제를 해결할 수 있다.

[그림 3-6-12] 도형의 방정식 관련 성취기준

프로젝트 **나의 드림 스페이스**

직업명 : 옵티컬 아티스트

❶ 직업 소개

옵티컬 아트(Optical Art)는 시각적인 예술을 뜻하며, 특히 착시에 의해 시각적 효과가 나타나는 작품을 가리킨다. 이 때문에 키네틱 아트와도 관련된다. 앨버스, 빅터 바자렐리를 선구로 하고 대표작가로는 라일리, 세질리, 아누스키위츠(Richard Anuszkiewicz, 1930~), 아감 등이 있다. 1965년의 〈감응하는 눈(眼) 전(展)〉(윌리엄 세이츠 William C. Seitz 기획, 뉴욕 현대미술관)에 의하여 알려지게 되었다.
[네이버 지식백과] 옵티컬 아트 [Optical Art] (미술대사전(용어편), 1998., 한국사전연구사 편집부)

❷ 나의 드림 스페이스 주제 : 도형의 방정식을 활용한 옵티컬 아트

나의 드림 스페이스 구조

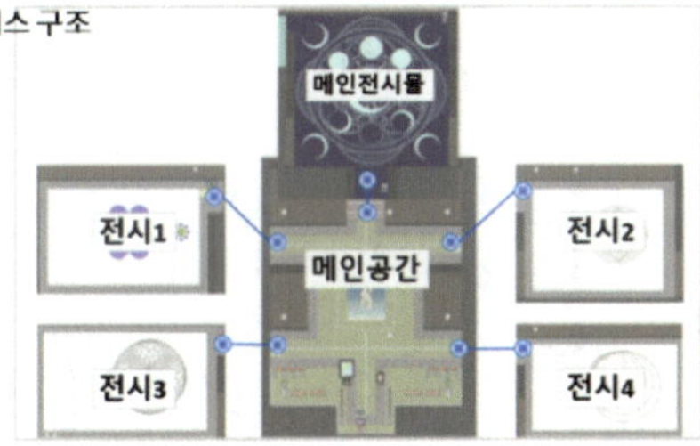

❸ 관련 교과 내용

단원: 도형의 방정식

- 원의 방정식

중심이 C(a, b)이고 반지름의 길이가 r인 원의 방정식은
$(x-a)^2+(y-b)^2=r^2$
특히, 중심이 원점 O$(0, 0)$ 이고 반지름의 길이가 r인 원의 방정식은
$x^2+y^2=r^2$

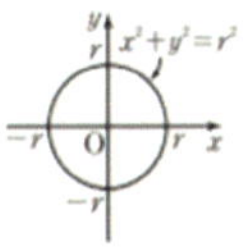

[그림 3-6-13] 나의 드림 스페이스 〈옵티컬 아티스트〉 활동 예시

▸ 옵티컬 아트 전시관 구조

옵티컬 아트 전시관은 4개의 전시 공간과 메인 전시물이 있는 메인 공간을 포털로 연결한 구조입니다. 전체 구조는 다음 그림과 같습니다.

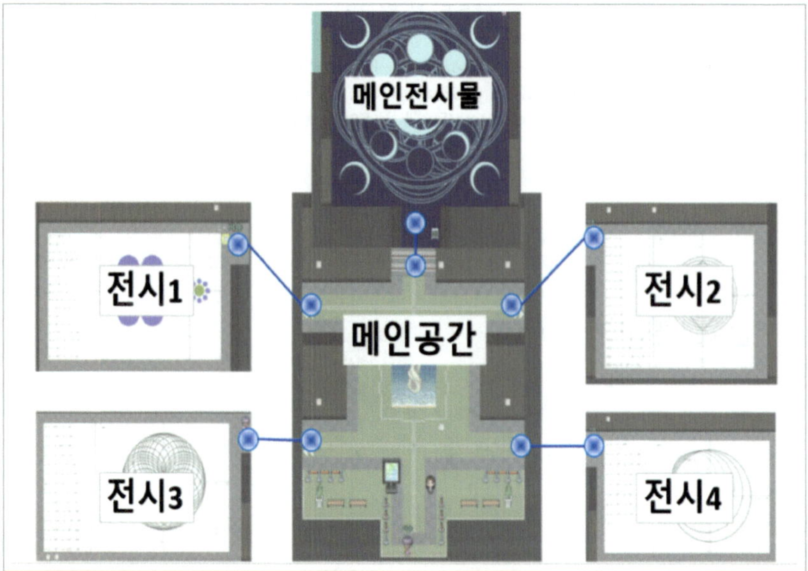

[그림 3-6-14] 옵티컬 아트 전시관

① 메인 공간

옵티컬 아트 전시관의 첫 공간인 메인 공간 입구에는 광학적 미술(옵티컬 아트)에 대한 설명이 안내되어 있습니다. 내부 공간의 중앙에는 메인 전시물이 전시되어 있고, 바닥에 삼각형 화살표로 나타낸 네 곳에는 별도의 4개의 전시관으로 이동할 수 있는 포털들이 설치되어 있습니다.

[그림 3-6-15] 메인 공간의 모습

② 전시 공간 1~4

그래프를 그려주는 공학 도구인 알지오매스를 활용하여 작품을 제작하였고, 각 전시 공간에는 작품을 만드는 데 사용한 수식, 관련된 교과서 내용, 착시에 대한 설명 등 작품과 관련된 설명 오브젝트들로 구성하였습니다.

전시 1

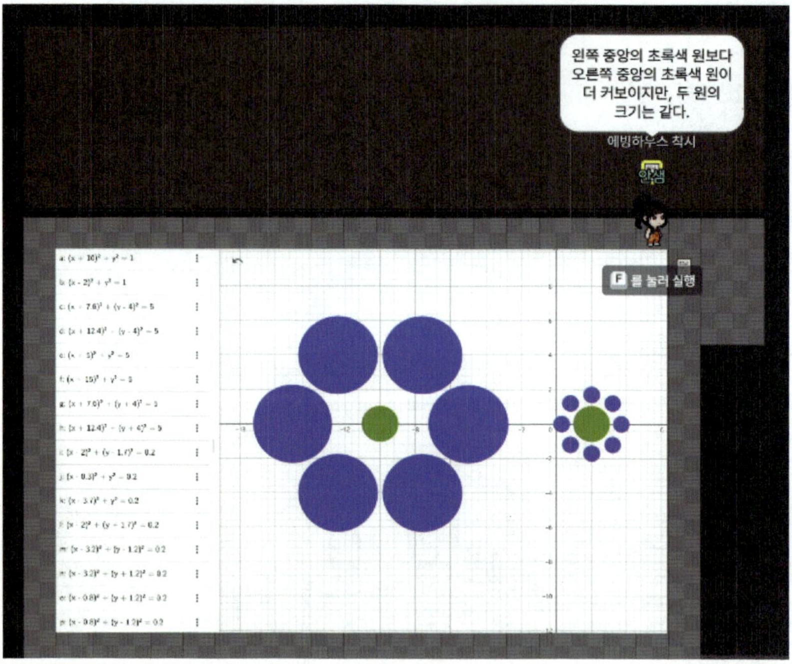

[그림 3-6-16] 전시1의 옵티컬 아트 작품

전시 2

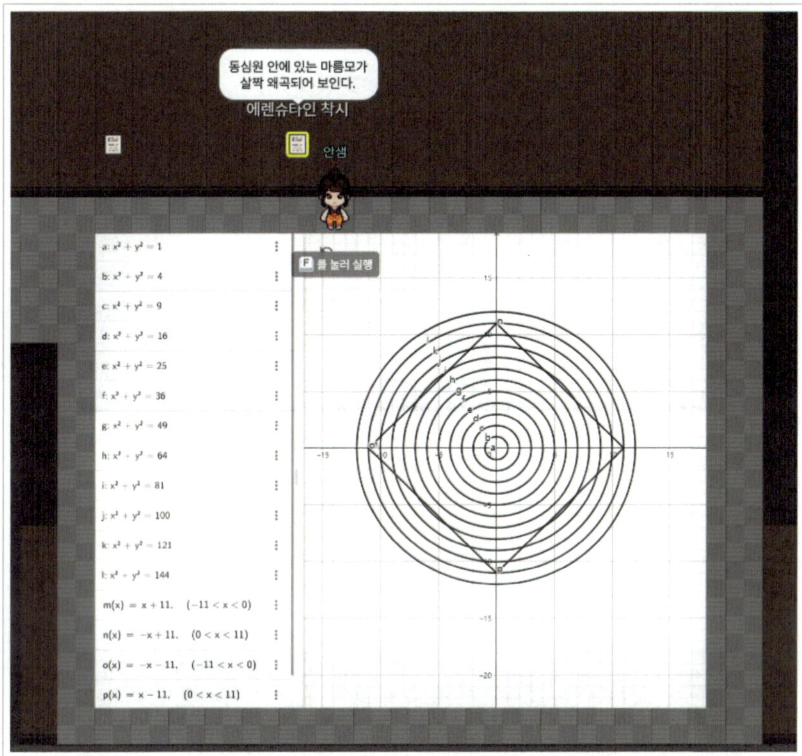

[그림 3-6-17] 전시2의 옵티컬 아트 작품

전시 3

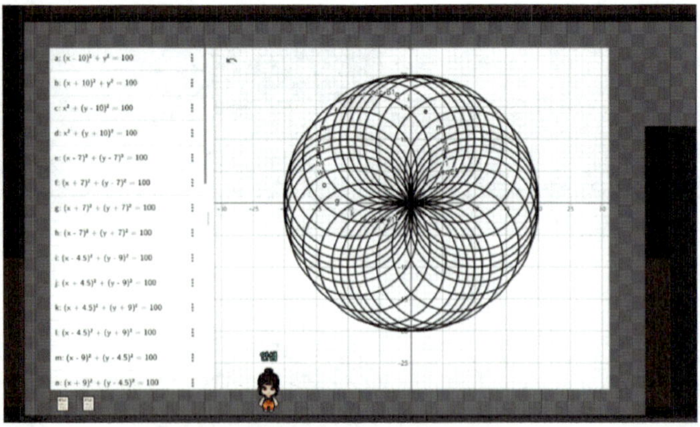

[그림 3-6-18] 전시3의 옵티컬 아트 작품

전시 4

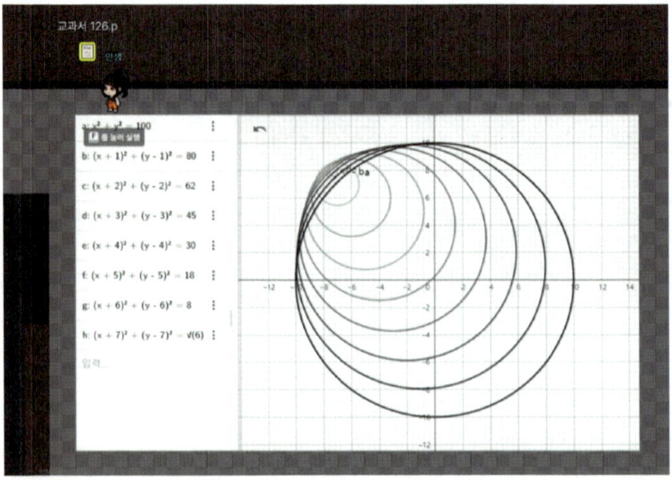

[그림 3-6-19] 전시4의 옵티컬 아트 작품

③ 메인 전시 작품

공학 도구의 다양한 기능을 활용해 미적으로 아름다운 모양이 나오도록 만든 작품입니다. 배경을 전시관의 바닥과 같은 색으로 하여 공간을 꾸민 점이 인상적이며 작품에 사용된 수식은 전시관 한쪽에 두어 아바타가 충분히 전시물을 감상할 수 있게 구상되어 있습니다.

[그림 3-6-20] 작품명 〈달의 위상〉_김도하 학생의 작품

단원 마무리 〈방탈출 게임〉

단원 마무리 〈방탈출 게임〉은 수학 문제들을 해결하여 공간을 탈출하는 게임 활동입니다. 방 탈출은 크게 두 가지 방법으로 구상할 수 있습니다. 첫째, 방 탈출의 단서가 되는 개념이나 문제를 난이도에 따라 쉬운 것부터 차례대로 단서를 두어 앞으로 나아가는 방식입니다. 이는 퀴즈룸에서 비슷하게 구현할 수 있습니다. 둘째, 한 장소에서 탈출의 단서가 되는 개념과 문제들을 곳곳에 숨겨두고 아바타가 돌아다니며 단서를 찾아 해결하고 조합하여 탈출하는 방식입니다. 이 장에서는 두 번째 방식인 특정 장소에 숨겨진 단서를 찾아 해결하는 방식을 소개합니다.

Ⅱ장에서 구축한 수학교실과 연결되는 새로운 교실을 만들어 교실 안의 다양한 오브젝트에 수학 문제들을 설정하는 과정과, 수업 및 학생 활동의 사례를 설명하겠습니다. 단원 마무리 〈방 탈출 게임〉은 1차시 분량의 수업으로 구상했습니다.

차시	단계	내용	활동
1차시	체험	• 메타버스 공간 체험	– 수학 문제들을 해결하여 공간을 탈출하는 체험

7.1 | 수업 준비하기

중학교 1학년 1학기를 예로 들어, 1 방 탈출 공간에 단서로 둘 문제들을 준비하고 2 공간을 만들어 3 준비한 자료를 오브젝트 설정을 통해 나타나도록 만들고, 4 포털 및 오브젝트의 비밀번호 설정을 통해 공간을 마무리합니다.

1 자료 준비하기

① 업로드할 자료를 준비합니다. 여기서는 예시로 중학교 1학년 1학기 문자와 식 단원을 배우고 난 후, 관련 수학 문제들을 준비하고자 합니다. 이에 앞서, 문자와 식 단원에서 다룬 세부 학습 목표는 다음과 같습니다.

소주제	학습 목표
문자를 사용한 식	• 다양한 상황을 문자를 사용한 식으로 나타낼 수 있다.
식의 값	• 대입의 뜻을 알고, 식의 값을 구할 수 있다.
일차식의 뜻	• 식과 관련된 여러 가지 용어와 일차식의 뜻을 안다.
일차식과 수의 곱셈, 나눗셈	• 일차식과 수의 곱셈의 원리를 이해하고, 그 계산을 할 수 있다. • 일차식과 수의 나눗셈의 원리를 이해하고, 그 계산을 할 수 있다.
일차식의 덧셈과 뺄셈	• 일차식의 덧셈과 뺄셈의 원리를 이해한다. • 일차식의 덧셈과 뺄셈의 계산을 할 수 있다.
방정식과 그 해	• 방정식과 그 해의 의미를 안다.
등식의 성질	• 등식의 성질을 이해한다. • 등식의 성질을 이용하여 방정식을 풀 수 있다.
일차방정식의 풀이	• 일차방정식을 풀 수 있다. • 일차방정식을 활용하여 문제를 해결할 수 있다.

〈표 3-7-1〉 문자와 식 학습 목표_예시(중학교 1학년 1학기)

② 학습 목표에 부합하고, 1차시 분량으로 적절한 난이도의 문제를 준비합니다. 문제들의 답이 방 탈출의 단서가 될 수 있도록 간단한 수나 식, 단어가 답으로 나오는 문제로 준비하는 것을 권장합니다. 여기서는 예시로 중학교 1학년 수학 교과서의 문자와 식 단원 마무리 문제를 참고하여 총 6개의 문제를 준비했습니다.

[문제1] 수준: 하	[문제2] 수준: 하
어느 옷 가게에서는 정가가 a원인 티셔츠를 30% 할인하여 판매한다. 이 가게에서 티셔츠 한 장을 사고 5만 원을 냈을 때의 거스름돈을 문자를 사용한 식으로 나타내시오.	다음 〈보기〉에서 다항식 x^2+5x-9과 관련된 설명으로 옳은 것을 모두 고르시오. 〈보기〉 가. 다항식의 차수는 1이다. 나. 항은 모두 3개이다. 다. 상수항은 9이다. 라. x의 계수는 5이다.
답: (50000−0.7a)원	답: 나, 라
[문제3] 수준: 중	**[문제4] 수준: 중**
다음 중 항등식은? ① $3x+2=2x$ ② $2x+5=3x+5-x$ ③ $-6x+2=-2(3x+1)$ ④ $5x+6=5(x+1)$ ⑤ $x+3=2x+6$	어떤 식에서 $5x-3$을 빼어야 할 것을 잘못하여 더하였더니 $4x+5$가 되었다. 이때 바르게 계산한 식이 $ax+b$라고 할 때, $a+b$의 값을 구하시오.
답: ②	답: 5
[문제5] 수준: 중	**[문제6] 수준: 상**
연속하는 세 짝수의 합이 72일 때, 세 짝수 중에서 가장 큰 수를 구하시오.	x에 관한 일차방정식 $5(11-4x)=k$의 해가 자연수일 때, 가능한 자연수 k의 값을 모두 구하시오.
답: 26	답: 15, 35

〈표 3-7-2〉 문자와 식 단원 마무리 문제_예시(중학교 1학년 1학기)

2 공간 구축하기

① 수학 교실 왼쪽 메뉴의 [맵 에디터]를 클릭하고 [+새 맵 추가하기]를 클릭하여 원하는 템플릿을 선택합니다. 여기서는 [교육]-[교실]을 선택하여 스페이스를 생성하겠습니다.

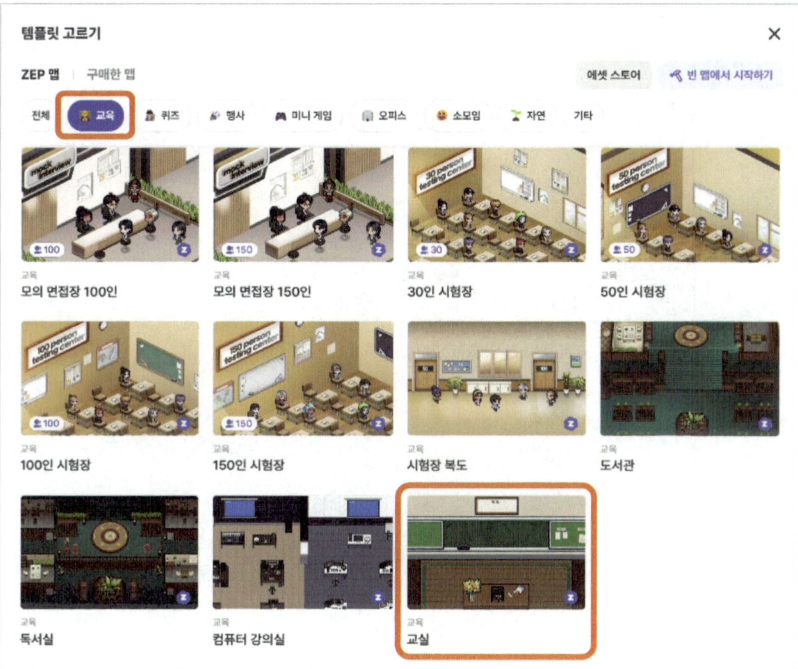

[그림 3-7-1] 템플릿 고르기

※ 다른 템플릿을 활용하여 구상할 수도 있습니다. 예를 들어, [학교 방탈출] 템플릿에 있는 총 10개의 교실 공간을 활용하여 6개의 문제가 아니라, 더 많은 수학 문제를 준비하여 2차시 이상의 수업을 구상할 수도 있습니다. 여기서는 1차시 분량의 6개의 문제를 준비했으므로 작은 공간인 [교실]을 선택합니다.

② 맵의 이름을 입력하여 스페이스를 생성하고 생성된 맵을 확인합니다.

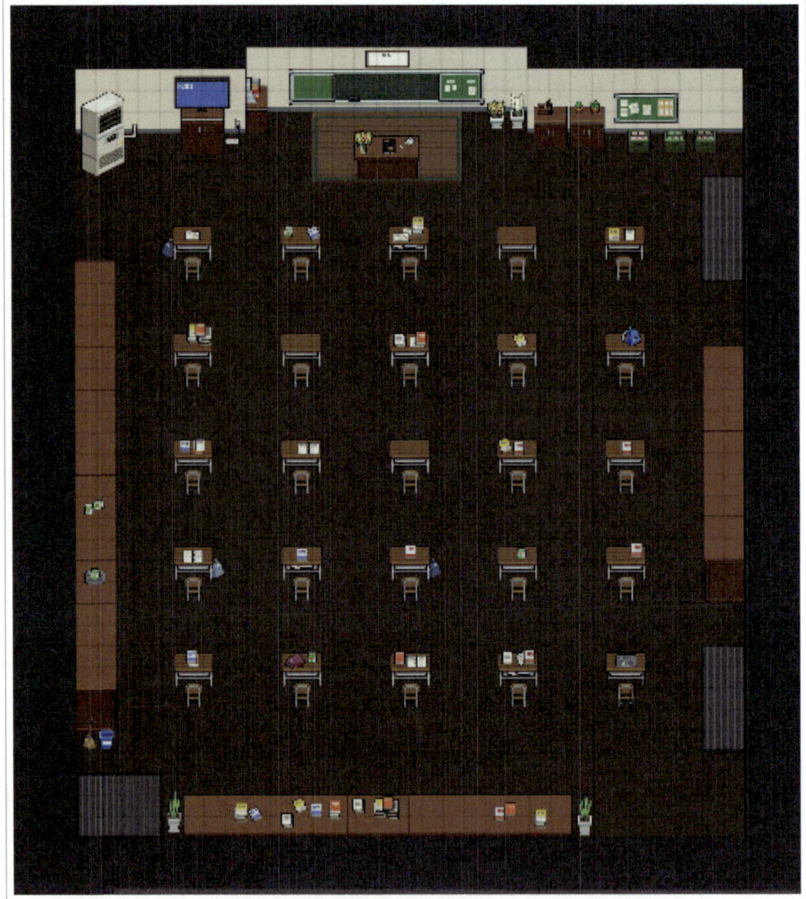

[그림 3-7-2] 생성된 단원 마무리 방 탈출 스페이스

3 오브젝트 설정하기

1 에서 준비한 문제를 오브젝트에 어떤 설정 기능을 활용해서 제시할지 미리 구상합니다. 각 문제의 답을 순서대로 작성한 문자가 방 탈출 공간의 암호가 되도록 구상하겠습니다. 여기에서는 오브젝트 설정의 객관식 팝업 기능, 이미지 팝업 기능, 텍스트 팝업 기능을 이용하여 문제를 제시하겠습니다.

① **오브젝트 다운받기**: [문제 1]을 제공할 오브젝트를 설치합니다. 기본으로 제공하는 오브젝트 외에 에셋 스토어에서 무료로 제공하는 오브젝트를 다운로드 받아 오브젝트를 추가하여 사용할 수도 있습니다. [교실 오브젝트 세트]와 [교실 가구 세트]를 다운로드 받아 오브젝트에 추가합니다.

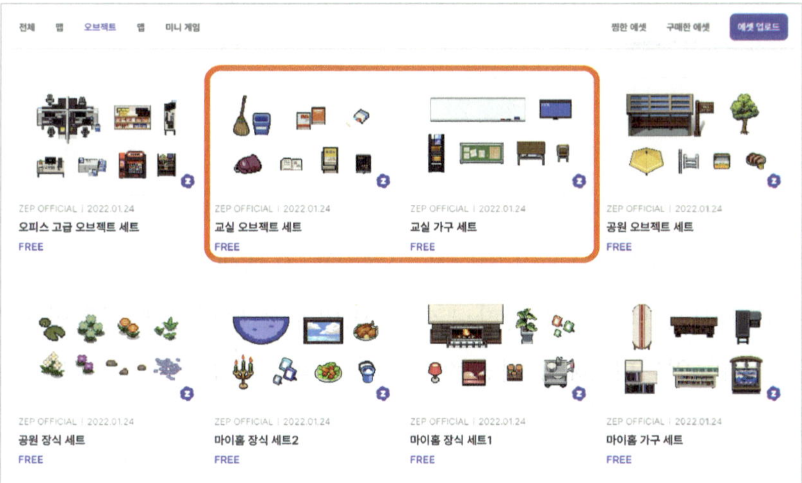

[그림 3-7-3] 에셋 스토어의 오브젝트

② **오브젝트 설치하기**: 교실 가구 세트에서 의자를 적당한 위치에 설치합니다.

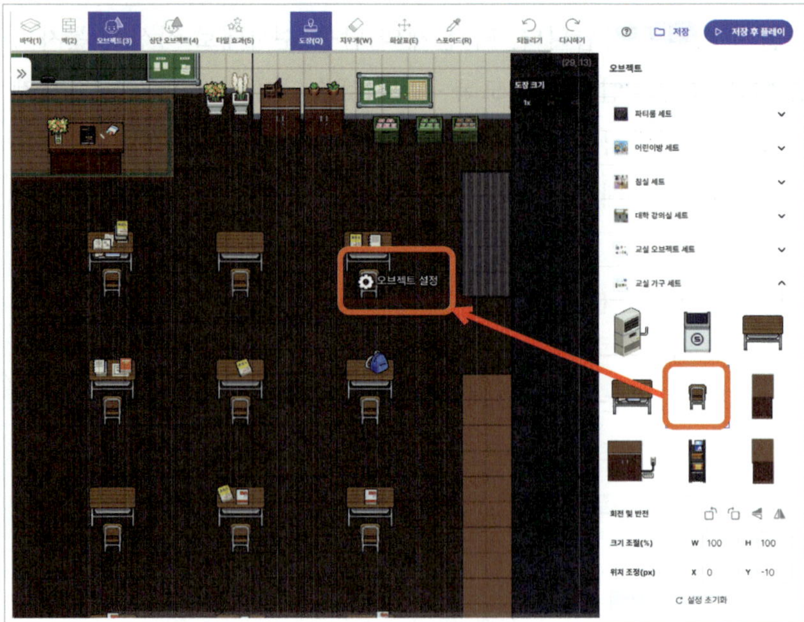

[그림 3-7-4] 오브젝트 설치

객관식 팝업 기능은 아바타가 오브젝트에 다가오면 객관식 문제가 나타나고 해당 문제의 정답을 입력하면 오브젝트가 사라지거나, 교체되거나, 텍스트가 나타나거나, 이미지가 나타나게 설정할 수 있는 기능입니다. 해당 기능을 이용하여 객관식 문제를 풀어 방 탈출 비밀번호의 단서를 얻을 수 있습니다.

③ **객관식 팝업 기능 설정하기**: 오브젝트 설정 유형에서 객관식 팝업 기능을 사용하여 질문 내용에 [문제 1]을 작성하고, 선택지를 추가하여 [문제 1]의 답을 설정합니다.

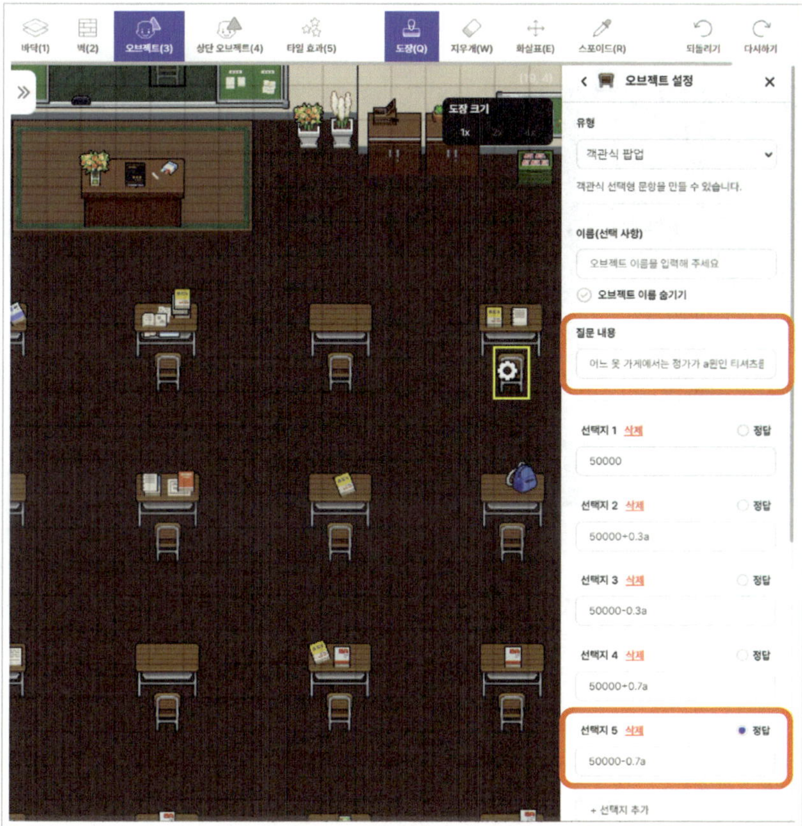

[그림 3-7-5] 객관식 팝업 기능 설정 화면

※ 질문 내용은 공백을 포함하여 180자까지 작성할 수 있습니다.

[문제 1]의 정답 여부에 따라 아바타에게 제공할 메시지와 실행 기능을 '정답 선택 시 실행할 동작'과 '오답 메시지'로 설정합니다. 정답일 때는 방 탈출 비밀번호의 첫 번째 숫자를 알 수 있고, 오답 시 정답에 대한 힌트를 제공합니다.

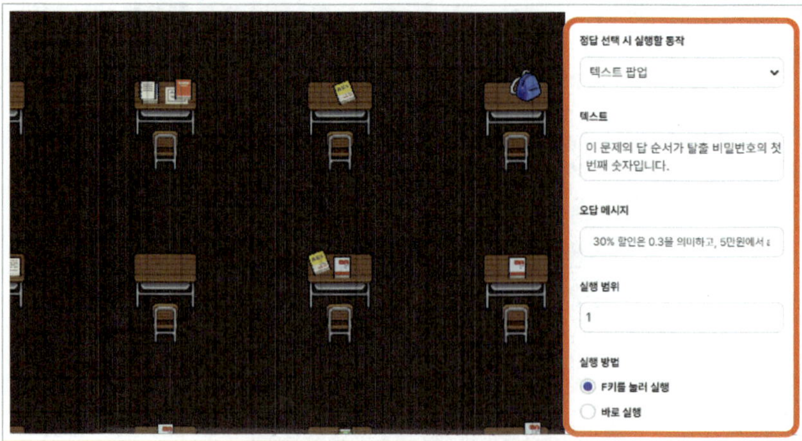

[그림 3-7-6] 객관식 팝업 실행 설정 화면

※ [문제 1]의 정답을 입력했을 경우, 탈출 단서에 대한 정보는 '정답 선택 시 실행할 동작'을 '텍스트 팝업'으로 설정합니다. 이때, "이 문제의 객관식 답 번호가 탈출 비밀번호의 첫 번째 숫자입니다."를 텍스트에 입력합니다.

[문제 1]의 오답을 입력했을 경우, 나타날 오답 메시지를 "30% 할인은 0.3을 의미하고, 5만원에서 a에 (1-0.3)을 곱하여 구한 금액을 뺍니다."와 같이 문제의 힌트를 작성합니다.

④ **오브젝트 설정 확인하기**: [저장] 또는 [저장 후 플레이] 버튼을 클릭하여 객관식 팝업 기능을 사용해 설치한 오브젝트가 잘 실행되는지 확인합니다. 아바타가 오답 선택 시, 힌트가 나타나는 것을 확인할 수 있습니다.

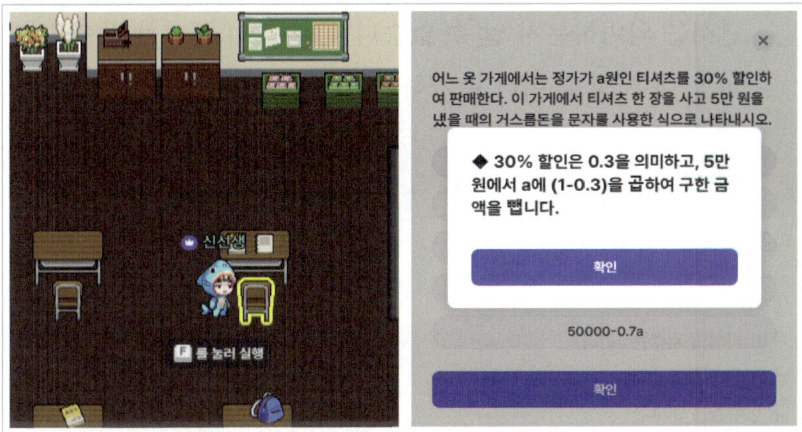

[그림 3-7-7] 객관식 팝업 실행 확인 화면

⑤ **이미지 팝업 기능 설정하기**: 오브젝트 설정 유형에서 이미지 팝업 기능은 아바타가 오브젝트에 다가오면 그림이 나타나는 기능으로, [문제 2]와 같이, 수식 입력이 어려운 경우에 사용할 수 있습니다. 하지만 이미지 팝업 기능으로는 문제의 정답 여부를 알 수 없고, 문제만 그림으로 제시하면 그 답이 어떤 단서를 의미하는지 알 수 없습니다. 따라서 문제를 맞혔을 때의 안내 사항을 미리 추가하여 이미지를 만들어야 합니다.

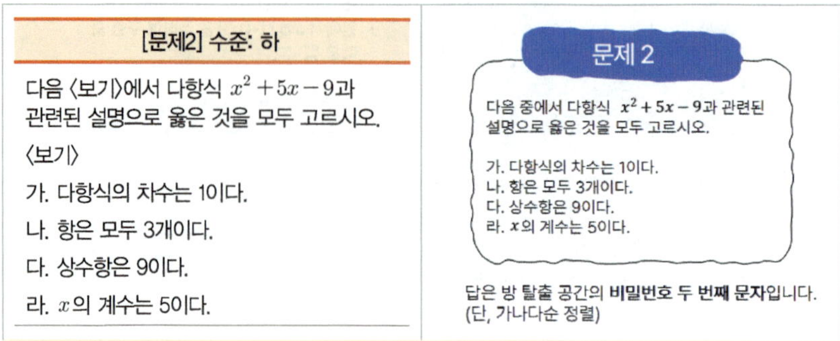

[그림 3-7-8] 텍스트로 만든 문제와 이미지로 만든 문제

⑥ **오브젝트 설치하기**: [문제 2]를 제공할 오브젝트를 설치합니다. 교실 오브젝트 세트에서 꽃병을 선택하여 적당한 위치에 설치합니다.

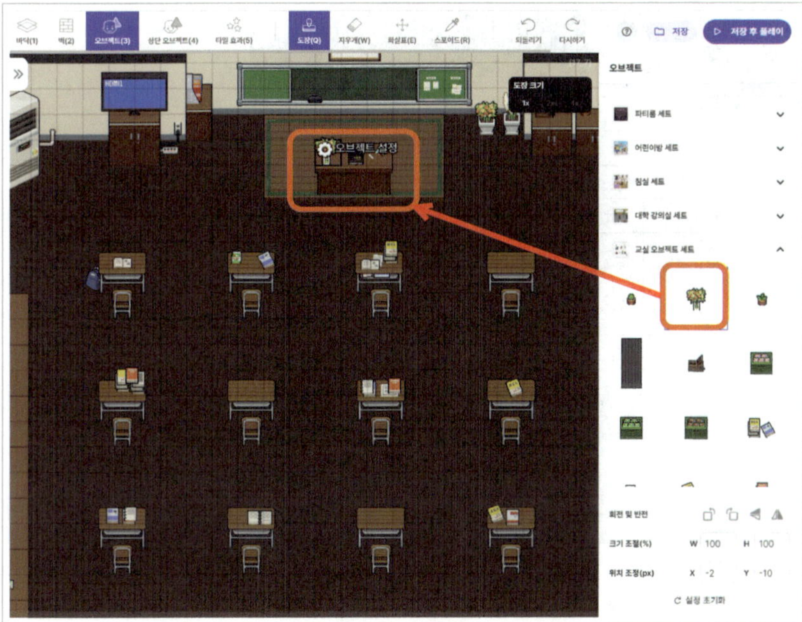

[그림 3-7-9] 오브젝트 설치

⑦ **이미지 팝업 설정하기**: 오브젝트 설정 유형에서 이미지 팝업 기능을 사용하여 [문제 2]를 업로드합니다.

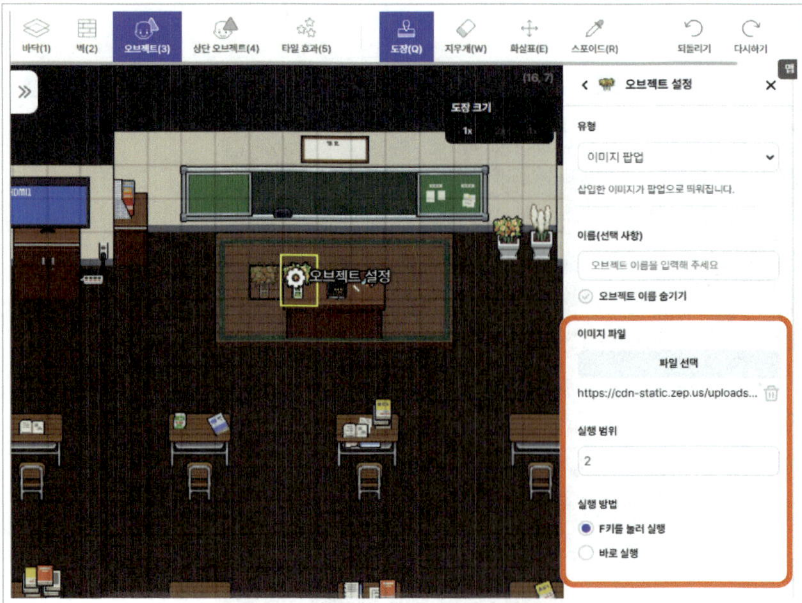

[그림 3-7-10] 이미지 팝업 실행 설정 화면

텍스트 팝업 기능은 아바타가 오브젝트에 다가오면 글자가 나타나는 기능으로, 문장이 짧고 문제의 답이 객관식이 아니더라도 깔끔한 값이 나오는 문제를 제시할 때 편리하게 사용할 수 있습니다. 하지만 이미지 팝업 기능과 마찬가지로, 문제의 정답 여부와 문제의 답이 어떤 단서를 의미하는지 알 수 없어, 문제를 맞혔을 때의 안내 사항을 오브젝트 이름 설정을 이용해 준비해야 합니다.

⑧ **오브젝트 설치하기**: [문제 5]는 문장이 짧고, 간단한 단답형 문제로 텍스트 팝업 기능을 사용해 제시하겠습니다. 먼저, [문제 5]를 제공할 오브젝트를 설치합니다.

[문제5] 수준: 중
연속하는 세 짝수의 합이 72일 때, 세 짝수 중에서 가장 큰 수를 구하시오.
답: 26

〈표 3-7-3〉 (1)에서 준비한 [문제5]

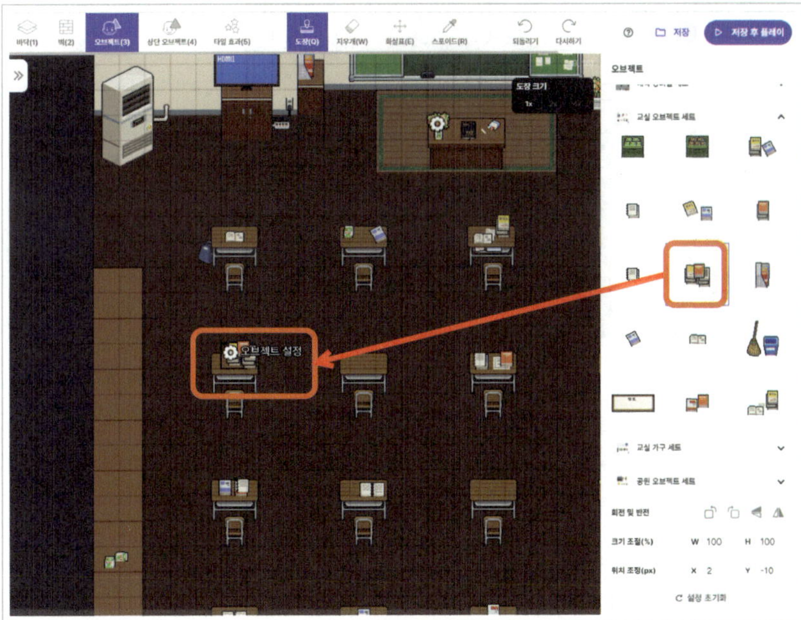

[그림 3-7-11] 오브젝트 설치

⑨ **텍스트 팝업 설정하기**: 오브젝트 설정 유형에서 텍스트 팝업 기능을 사용하여 [문제 5]를 작성합니다.

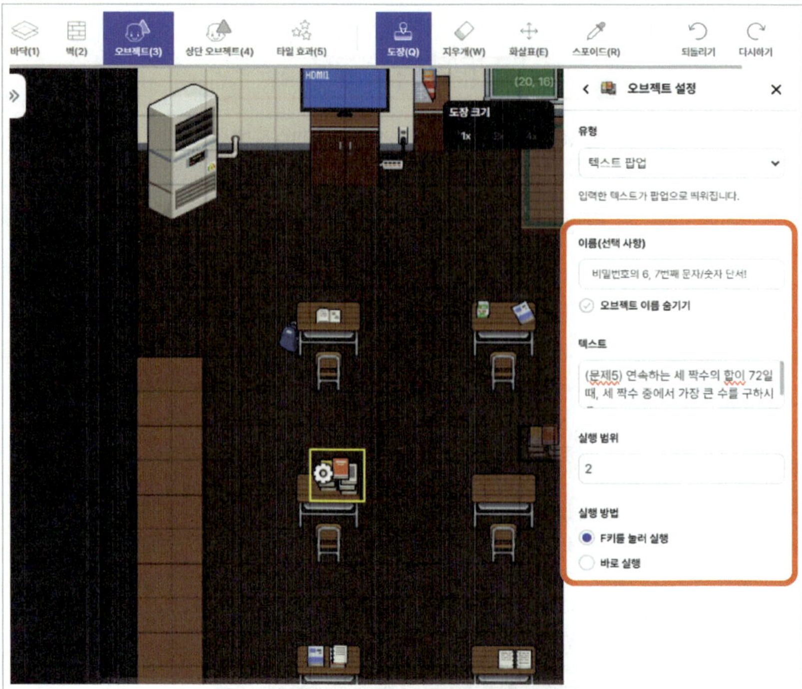

[그림 3-7-12] 텍스트 팝업 기능 화면

※ 텍스트에 문제를 작성하고, 문제의 답이 방 탈출 공간의 "비밀번호 여섯 번째와 일곱 번째 문자 단서!"임을 '이름(선택사항)'에 입력합니다.

오브젝트의 이름은 공백을 포함하여 50자까지, 텍스트 내용은 공백을 포함하여 180자까지 작성하실 수 있습니다.

⑩ **오브젝트 설정 확인하기**: ①부터 ⑨까지의 내용을 참고하여 준비한 문제들을 오브젝트 설정을 통해 업로드한 후, [저장] 또는 [저장 후 플레이] 버튼을 클릭하여 오브젝트가 잘 실행되는지 확인합니다.

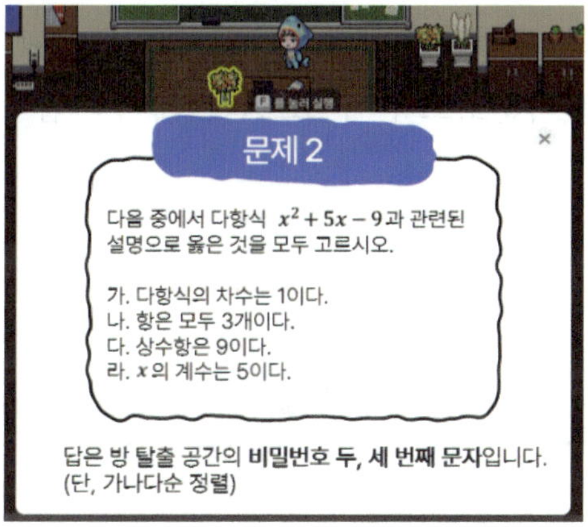

[그림 3-7-13] 이미지 팝업 실행 확인

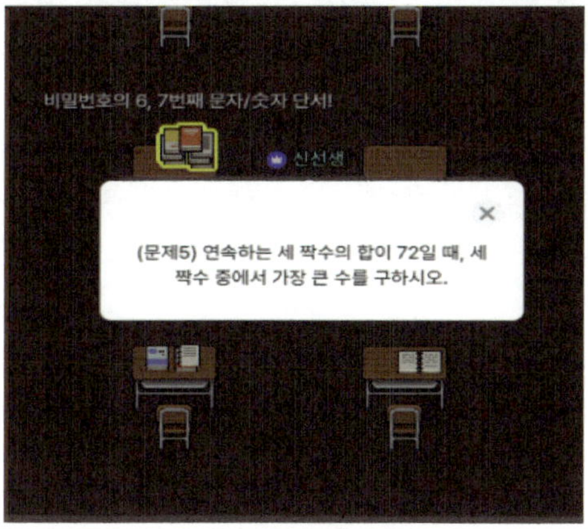

[그림 3-7-14] 텍스트 팝업 실행 확인

4 오브젝트 비밀번호 설정 및 포털 설치하기

① **가이드 오브젝트**: 방 탈출 공간의 비밀번호를 입력할 수 있는 장애물 오브젝트를 설치합니다. 기본으로 제공하는 오브젝트 외에 에셋 스토어에서 무료로 제공하는 오브젝트를 다운로드 받아 오브젝트를 추가하여 사용할 수도 있습니다. [가이드 오브젝트]를 다운로드 받아 오브젝트에 추가합니다.

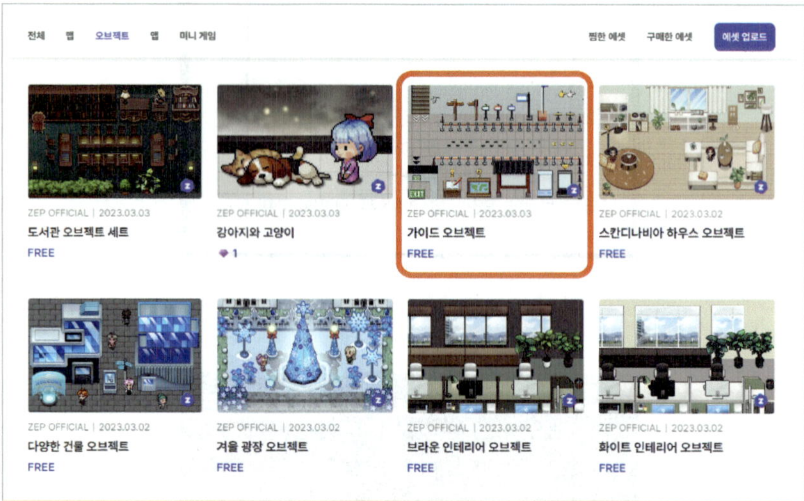

[그림 3-7-15] 에셋 스토어의 오브젝트

② **오브젝트 설치하기**: 가이드 오브젝트에서 출입 금지 표지판을 적당한 위치에 설치합니다.

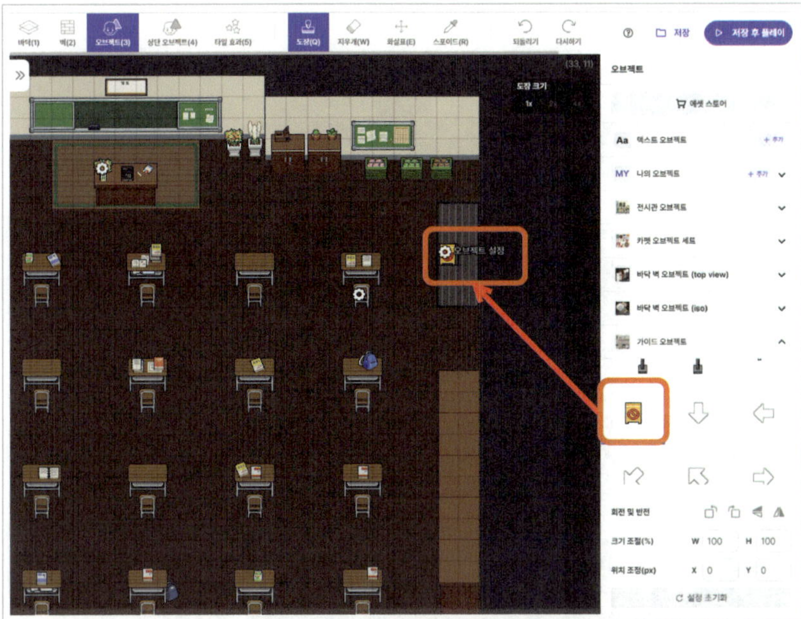

[그림 3-7-16] 장애물 오브젝트 설치

③ **비밀번호 입력 팝업 설정하기**: 오브젝트 설정 유형에서 비밀번호 입력 팝업 기능을 사용하여 오브젝트 이름과 비밀번호 설명을 입력합니다.

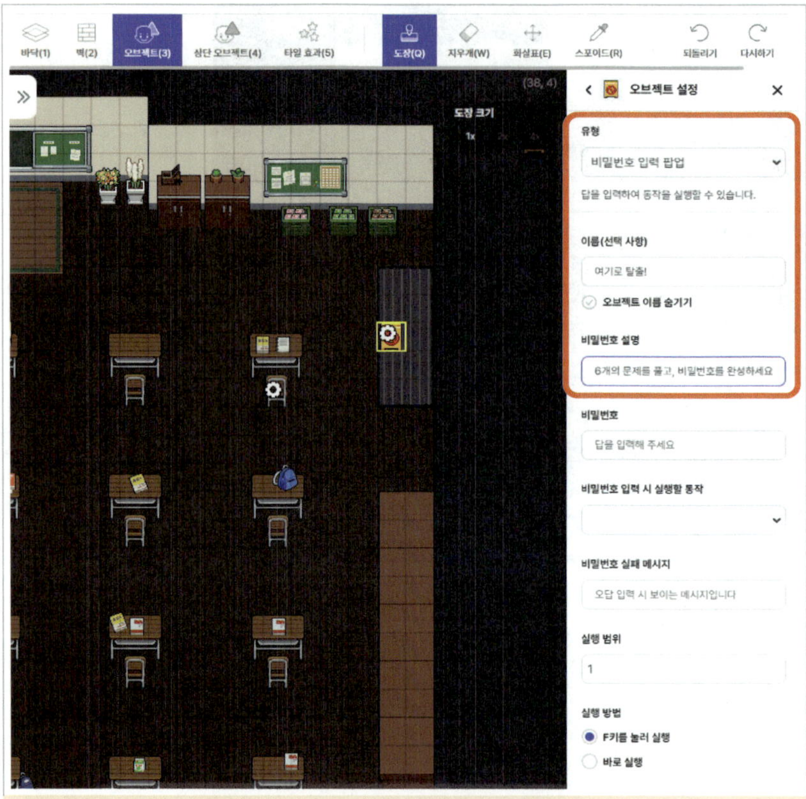

[그림 3-7-17] 비밀번호 입력 팝업 기능 사용 화면

※ 오브젝트의 이름은 공백을 포함하여 50자까지, 비밀번호 내용은 공백을 포함하여 180자까지 입력하실 수 있습니다.

④ **비밀번호 설정하기**: '비밀번호'와 '비밀번호 입력 시 실행할 동작'에서 [문제 1]부터 [문제 6]까지의 답을 합친 '5나라25263'을 비밀번호로 설정하고, '개인에게만 오브젝트 사라지기'를 선택합니다.

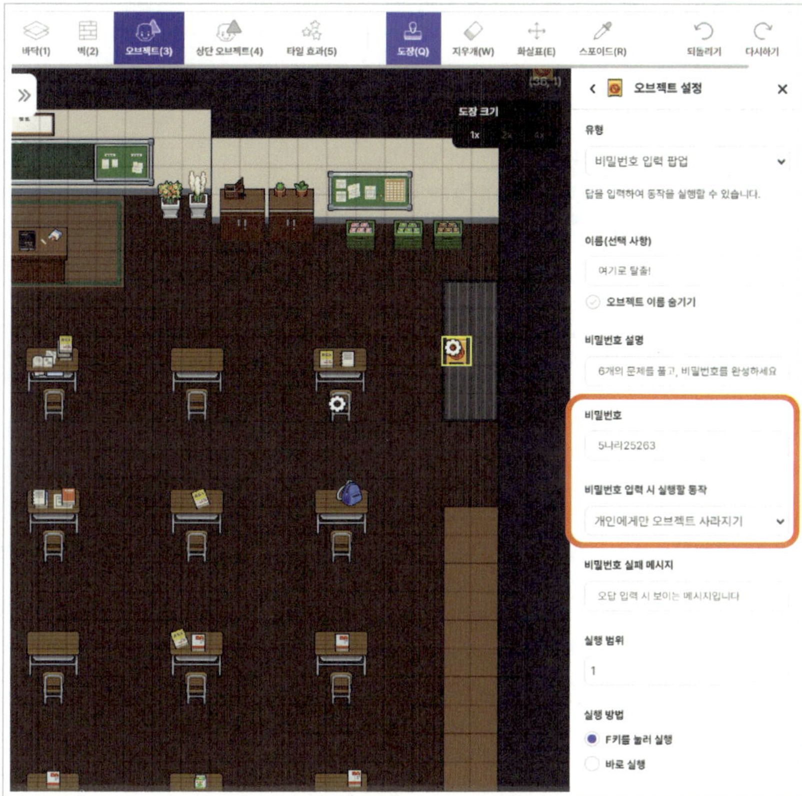

[그림 3-7-18] 비밀번호 입력 팝업 세부 설정 화면

※ '비밀번호 입력 시 실행할 동작'은 '오브젝트 사라지기', '개인에게만 오브젝트 사라지기', '오브젝트 교체', '개인에게만 오브젝트 교체', '텍스트 팝업', '이미지 팝업'이 있습니다. 비밀번호를 아는 아바타만 탈출할 수 있도록 설정하기 위해서 '개인에게만 오브젝트 사라지기'나 '개인에게만 오브젝트 교체'를 이용합니다.

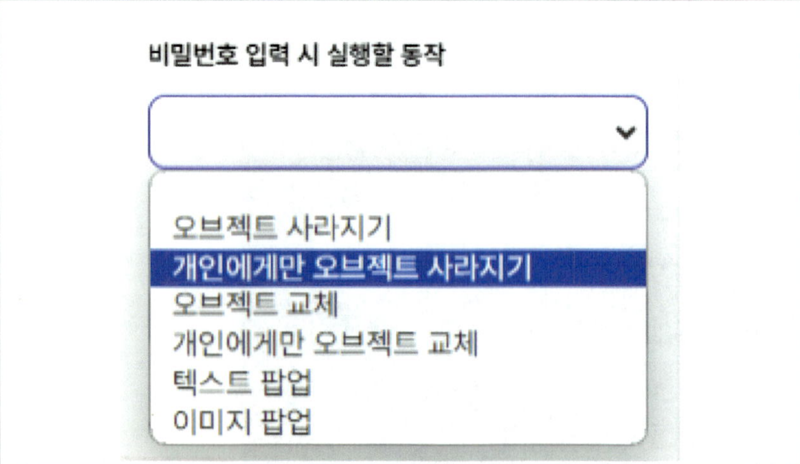

[그림 3-7-19] 비밀번호 입력 시 실행 동작 목록

⑤ **실행 방법 설정하기**: '비밀번호 실패 메시지'를 작성하고 '실행 범위' 및 '실행 방법'을 설정합니다.

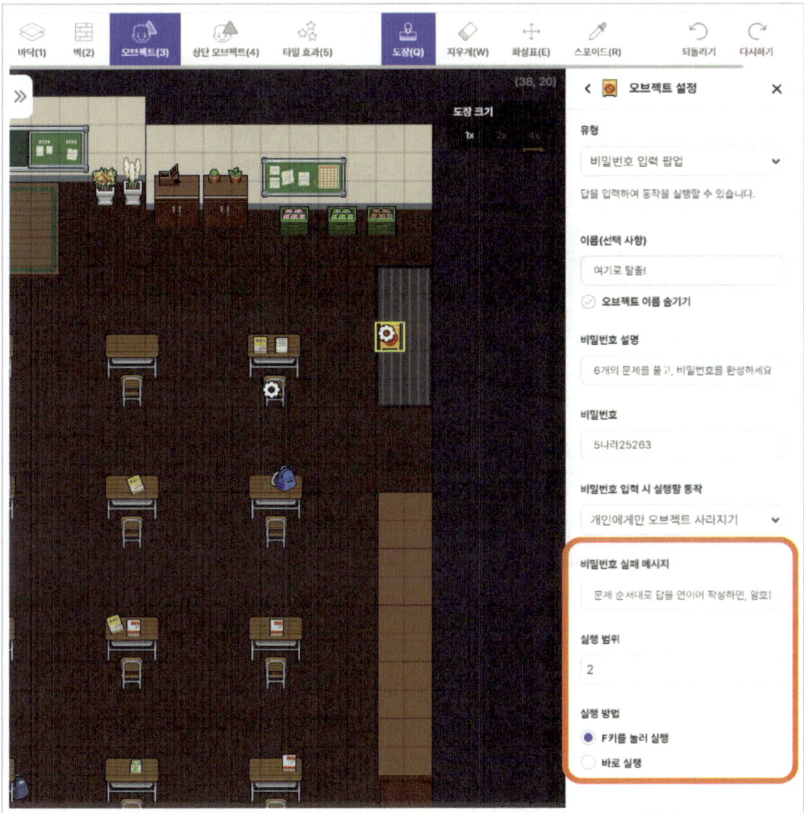

[그림 3-7-20] 비밀번호 입력 팝업 세부 설정 화면

⑥ **스폰 제거하기**: 탈출 포털을 설치할 곳에 스폰을 먼저 삭제합니다. 타일 효과 아이콘을 클릭하고 지우개를 선택해 해당 구역의 스폰을 제거합니다.

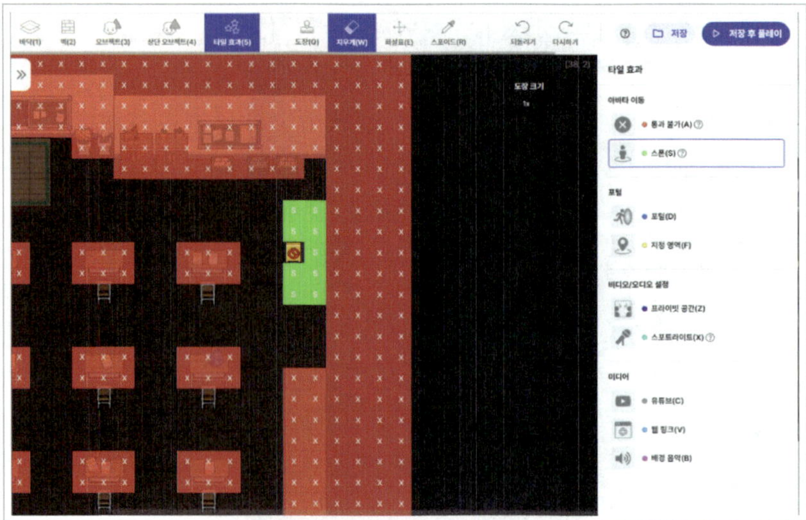

[그림 3-7-21] 타일 효과 스폰 삭제

⑦ **포털 설치하기**: [타일 효과]와 [도장] 아이콘을 클릭하고, 포털을 선택해 탈출 시 이동할 맵과 이동 방법을 설정하고 포털을 설치합니다.

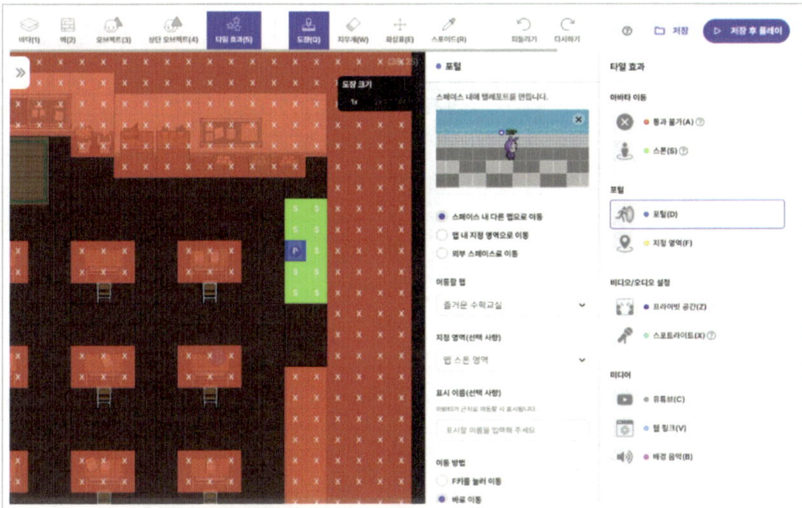

[그림 3-7-22] 타일 효과 포털 설치

⑧ 공간 연결하기: 메인 교실에서 단원 마무리 방 탈출 공간에 입장할 수 있도록 메인 교실에서도 포털을 설치해 단원 마무리 방 탈출과 수학교실을 연결합니다.

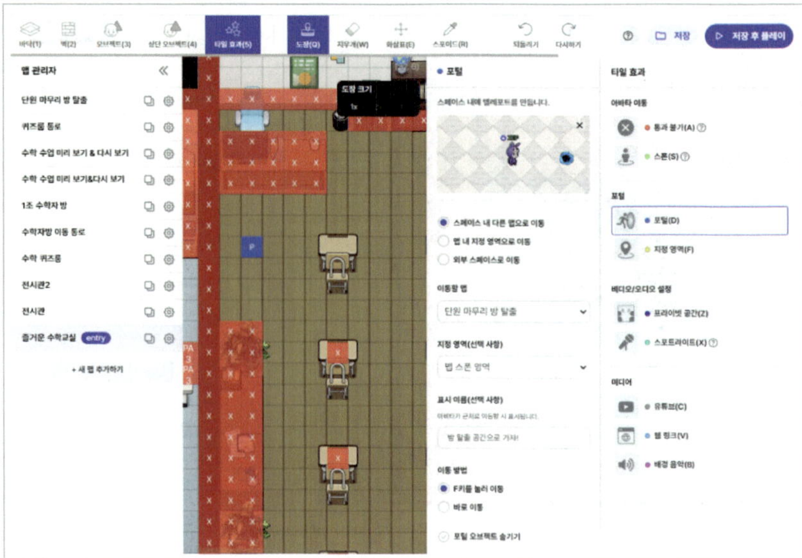

[그림 3-7-23] 포털로 공간 연결

⑨ **오브젝트 설정 확인하기**: [저장] 또는 [저장 후 플레이] 버튼을 클릭하여 포털이 잘 실행되는지 확인합니다.

[그림 3-7-24] 장애물 오브젝트 확인

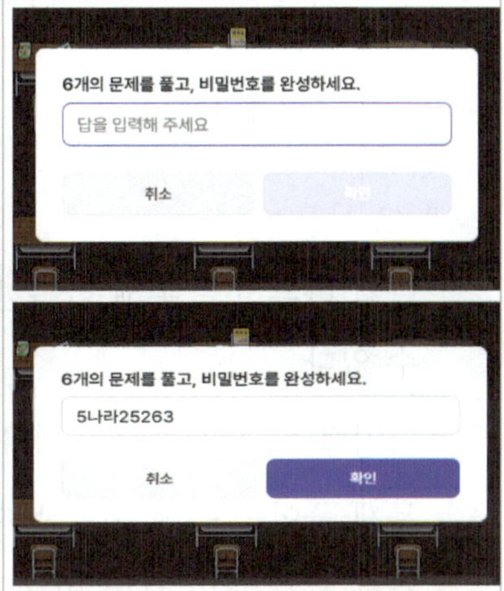

[그림 3-7-25] 비밀번호 팝업 실행 확인

[그림 3-7-26] 개인에게만 오브젝트 사라지기 확인

7.2 | 단원 마무리 방탈출 수업 사례

❖ **학습 주제**: 옛날 교실을 탈출하자.

❖ **대상**: 중학교 1학년

❖ **학습 목표**

- 단원 마무리를 통해 학습한 내용을 다양한 문제에 적용할 수 있다.
- 디지털 도구와 기술을 사용할 수 있다.
- 문제 풀이를 통해 수학 문제 해결력을 증진할 수 있다.
- 수학 학습 동기 부여 및 관심을 유발할 수 있다.

❖ **수업의 흐름**

수업 안내	공간 탐색	활동	공유 및 성찰
단원 마무리 방 탈출 수업 안내	탈출 공간 탐색해서 단서 위치 파악하기	문제 해결 및 탈출	소감문 작성

❖ **참고 자료**

- 활동지 QR
- 동아출판. 중학교 1학년 수학 교과서

1 수업 안내

▸ 방 탈출 공간 안내 및 초대하기

- 방 탈출 공간의 '입장 코드'를 안내하거나 '초대 정보 복사' 기능을 이용하여 초대할 사람에게 초대 링크를 발송합니다. 만약 비밀번호가 지정되어 있는 경우 비밀번호도 함께 알려 줍니다.

▸ 아바타 꾸미기

- 학생들이 입장하면, 자신의 프로필을 수정할 수 있도록 안내합니다. 닉네임을 실명 또는 별명으로 설정하고, 아바타 꾸미기 활동을 안내합니다. 만약 아바타 꾸미기가 어려운 학생들은 '랜덤 꾸미기'를 이용할 수 있습니다.

▸ 수업 안내하기

- 중학교 1학년 1학기 문자와 식 단원을 배우고 난 후, 관련 수학 문제들로 구성된 단원 마무리 문제 해결을 통해 젭에서의 방 탈출 공간을 체험할 것이라는 수업 목표를 안내합니다.

2 공간 탐색

방 탈출 공간의 다양한 오브젝트를 실행하여 나타나는 수학 문제들을 해결하고 그 단서를 통해 공간을 탈출할 수 있음을 안내합니다. 구석구석 실행할 수 있는 오브젝트를 찾아볼 수 있도록 합니다.

[그림 3-7-27] 학생들이 공간 탐색하는 화면

3 활동

교사는 학생들이 아바타로 공간을 돌아다니면서 모둠 또는 개별로 문제를 해결하고 탈출할 수 있도록 독려합니다. 숨겨진 오브젝트를 실행하여 모든 문제를 풀고, 그 답을 순서대로 연이어 작성한 것이 공간의 비밀번호임을 안내합니다.

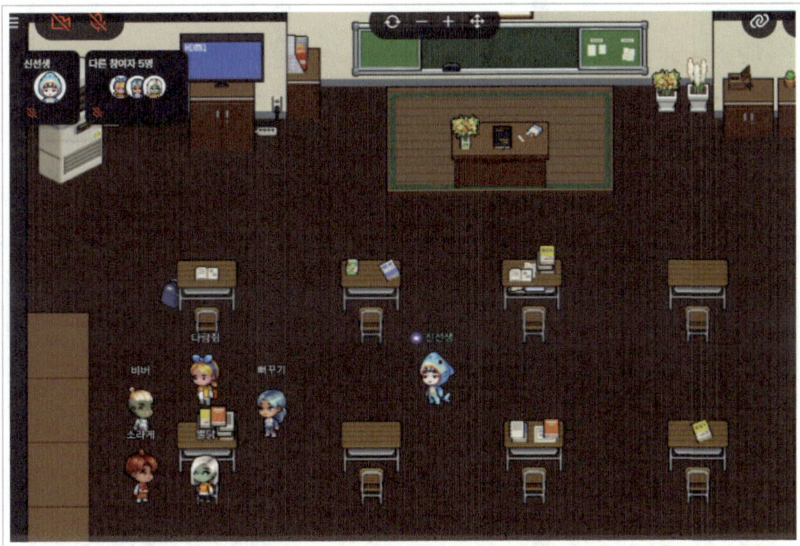

[그림 3-7-28] 학생들이 돌아다니며 단서를 찾는 장면

4 공유 및 성찰

총 6개의 문제를 모두 해결한 후, 학생들의 소감을 공유할 수 있도록 안내합니다. 자유롭게 의견을 제시할 수 있는 플랫폼을 오브젝트로 연결하면 다음과 같이 학생들이 소감을 남길 수 있습니다.

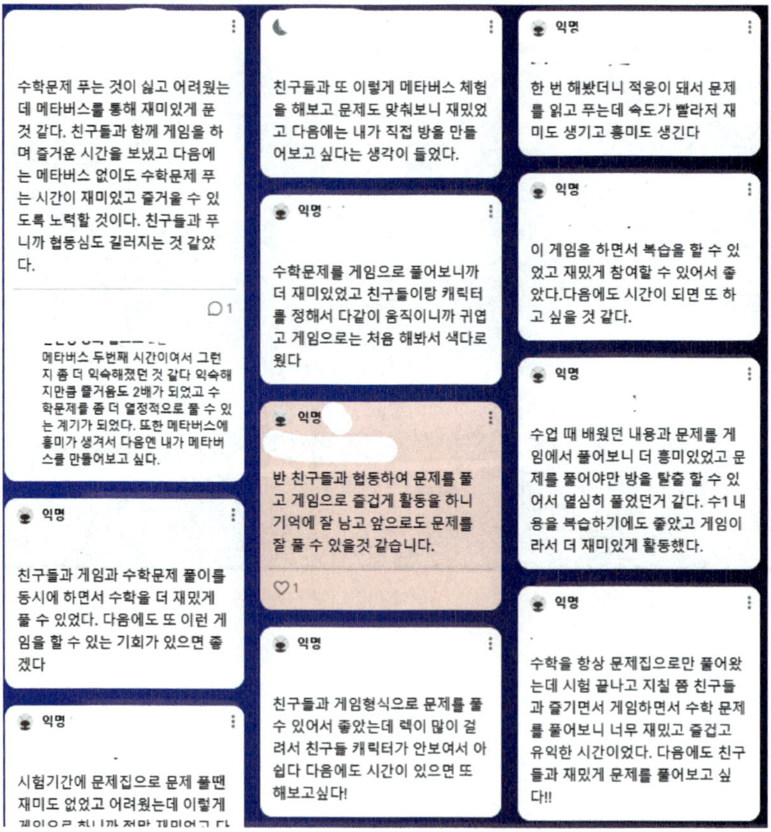

[그림 3-7-29] 소감문 예시

부 록

활동지

활동 메타버스 개념 이해하기

상상이 현실이 되는 곳, 메타버스(Metaverse)

모든 사람이 나이나 성별, 직업이나 환경의 제약 없이 상상할 수 있는 공간, 단순히 소비하는 것이 아닌 나만의 이야기를 만들 수 있도록 도구를 제공하는 공간, 창작물을 타인과 공유하고 즐길 수 있는 열린 공간이라는 점이 메타버스가 앞으로 무한한 가능성이 있다고 평가받는 이유입니다.

활동1 현실에서는 시간과 공간의 제약으로 인해 할 수 없지만, 메타버스에서 체험해보고 싶은 활동에 대해 상상해 봅시다.

▲ 도도새의 모습을 구현한 상상도
사진 출처: 비즈니스 인사이더 홈페이지 캡처

예시

멸종된 동물과의 만남!
공룡이나 도도새와 같은 멸종된 생물들을 메타버스 전시관에서 만나고 관찰해 볼 수 있습니다. 이는 생물학적으로 멸종 위기에 처한 다른 동물들에 대한 인식을 높이는 데에도 도움이 될 수 있습니다.

메타버스에서 나는

활동 메타버스 속 또 다른 나, 아바타

메타버스 속 또 다른 나, 아바타(Avatar)

메타버스 속에서 나를 대리하는 아바타는 분신(分身)·화신(化身)을 뜻하는 말로, 산스크리트 '아바따라(avataara)'에서 유래한 말이다. 아바따라는 '내려오다'라는 뜻을 지닌 동사 '아바뜨르(ava-tr)'의 명사형으로, 신이 지상에 강림함 또는 지상에 강림한 신의 화신을 뜻한다.

고대 인도에선 땅으로 내려온 신의 화신을 지칭하는 말이었으나, 인터넷시대가 열리면서 3차원이나 가상현실게임 또는 웹에서의 채팅 등에서 자기 자신을 나타내는 그래픽 아이콘을 가리킨다.

활동2 메타버스 속에서 나를 대리하는 아바타를 어떻게 설정하고 싶은지 그림으로 표현해 보고, 아바타가 어떤 활동을 대리해 줄 수 있을지 생각해 봅시다.

자유 스케치

픽셀 아트

아바타 설명

월간계획표

주	학습 계획	실천 정도	학습한 내용
1주		☺☺☺☺☺	
2주		☺☺☺☺☺	
3주		☺☺☺☺☺	
4주		☺☺☺☺☺	
5주		☺☺☺☺☺	

일일계획표

날짜	학습 계획	실천 정도	학습한 내용
		☺☺☺	
		☺☺☺	
		☺☺☺	
		☺☺☺	
		☺☺☺	
		☺☺☺	
		☺☺☺	
		☺☺☺	
		☺☺☺	
		☺☺☺	
		☺☺☺	
		☺☺☺	
		☺☺☺	
		☺☺☺	
		☺☺☺	
		☺☺☺	
		☺☺☺	
		☺☺☺	
		☺☺☺	
		☺☺☺	
		☺☺☺	
		☺☺☺	
		☺☺☺	
		☺☺☺	
		☺☺☺	
		☺☺☺	
		☺☺☺	
		☺☺☺	
		☺☺☺	
		☺☺☺	
		☺☺☺	

활동 우리 모둠은

❶ 모둠 이름 정하기

❷ 수학자 선정하기

❸ 역할 나누기

이름	역할
너구리	OO수학자 생애 자료 조사
사자	OO수학자 업적 자료 조사
곰	OO수학자 방 인테리어 담당
물개	OO수학자 방 자료 업로드 담당

❹ 우리 모둠의 목표!

활동 나의 관심 미래직업 선정하기

미래 직업 세계 전망

미래 직업 세계는 끊임없이 변화하고 있으며, 특히 최근에는 기술 발전으로 인해 그 변화 속도가 매우 빠릅니다. 미래학자 토마스 프레이는 로봇과 인공지능의 발전으로 인해 2030년까지 전 세계에서 20억 개의 일자리가 사라질 것으로 예측했습니다. 이러한 변화의 방향을 이해하고 자신의 진로를 선택하는 것은 중요합니다. 가까운 미래의 직업세계의 변화를 예측한다면, 자신의 직업을 선택하는데 도움이 될 수 있습니다.

1 직업명 :

❶ 어떤 일을 하나요?

❷ 어떤 적성과 흥미가 필요한가요?

❸ 이 직업의 미래는 어떤가요?

2 직업명 :

❶ 어떤 일을 하나요?

❷ 어떤 적성과 흥미가 필요한가요?

❸ 이 직업의 미래는 어떤가요?

프로젝트 나의 드림 스페이스

직업명:

❶ 직업 소개

❷ 나의 드림 스페이스 주제 : ____________________

나의 드림 스페이스 구조

❸ 관련 교과 내용

활동 옛날 교실을 탈출하자!

❖ 활동 안내

- zep에서 입장 코드 14269518을 입력하여 입장해주세요.
- 자신의 프로필을 수정하고, **'방 탈출 공간으로 가자!' 포털**을 타고 탈출 공간으로 들어오세요.
- 문자와 식 단원 마무리 문제 해결을 통해 옛날 교실을 탈출합니다.
- 탈출에 성공한 후, 소감을 남겨 공유합시다.

① 탈출 단서가 담긴 오브젝트를 모두 찾아 문제를 해결합시다.

찾은 오브젝트	문제	풀이와 답

② 옛날 교실의 탈출 암호를 써 보세요.

③ 탈출에 성공하고, 소감을 작성합시다.

찾아보기

안서현 아주대학교 교육연구소 연구원

신민경 권선고등학교 교사

강수산 아주대학교 입학처 입학사정관

고호경 아주대학교 교수

수학교실 in 메타버스

초판 발행 2025년 2월 25일

지은이 안서현 · 신민경 · 강수산 · 고호경
펴낸이 오판근
펴낸곳 (주) 교우
주 소 서울시 동대문구 약령시로 8 교우빌딩 2층 (주)교우
전 화 02-925-2861 / **팩 스** 02-925-2860, **편집부** 02-925-2825
홈페이지&북스토어 www.kyowoo.co.kr / 이메일 kyowoo@kyowoo.co.kr

등 록 1994년 3월 24일 제1994-000013호
ISBN 979-11-251-0412-4 (03500)

(주) 교우는 보다 혁신적이고 참신한 도서를 다양하게 기획하고 있습니다.
책으로 펴내고자 하는 아이디어나 원고는 메일로 보내주세요.
(주) 교우는 전과정을 책임지고 최선을 다하겠습니다.

값 20,000원

교우미디어는 (주) 교우의 Imprint 사입니다.
수학정원·과학정원은 (주) 교우의 새로운 브랜드명입니다.

잘못된 책은 구입하신 서점에서 교환해 드립니다.